SOMMAIR

INFOS PRATIQUES

Choisir sa rando
Se rendre sur pla
Boire et manger

Comment utiliser le guide ? .... p 4-5
Des astuces pour une bonne rando .... p 6
Où s'adresser ? .... p 8

DÉCOUVRIR LE PAYS DE DINAN — p 9

LES PROMENADES ET RANDONNÉES — p 10

N° et Nom du circuit	durée	page	N° et Nom du circuit	durée	page
1 Le tour du Cap d'Erquy	5 h	10	21 Au cœur des vallées et villages	2 h 40	52
2 Le tour du Cap Fréhel	5 h	12	22 Terre de Roche	2 h 40	54
3 Circuit des deux Pointes	3 h 30	14	23 Pierres sculptées et fleuries	3 h 30	56
4 De Matignon à Port-Saint-Jean	3 h	16	24 La retenue de Rophémel	3 h	58
5 Saint-Cast, la baie de la Fresnaye	4 h	18	25 Au fil de l'eau	3 h	60
6 Autour de l'Arguenon maritime	3 h 30	20	26 Les étangs de Sévignac	3 h	62
7 Circuit de Pluduno	3 h 20	22	27 Circuit de Beaulieu-Languédias	3 h 15	64
8 Digues et polders de Lancieux et Ploubalay	3 h	24	28 Circuit du Moulin Jan	1 h 40	66
9 Lancieux : l'estuaire du Frémur	3 h	26	29 De Jugon à La Ville-es-Buret	3 h	68
10 Les bois Rochel à Plouër-sur-Rance	3 h	28	30 De Tournemine à Lorgeril	3 h	70
11 Les grèves de Langrolay	2 h 30	32	31 L'Arguenon, de Jugon à Lorgeril	2 h 30	72
12 Le Frémur à Pleslin-Trivagou	3 h	34	32 Château et forêt de la Hunaudaye	3 h 45	74
13 Circuit des Mégalithes	3 h 30	36	33 Les hauteurs de l'Arguenon	3 h 15	78
14 Du dolmen à l'Eperon Barré	3 h 45	38	34 De Tournemine au pont de Pléven	4 h 30	80
15 La vallée du Frémur à Tréméreuc	3 h	40	35 Le tour de Plorec	3 h 15	84
16 Le chemin de l'Etrat	3 h	42	36 Dinan, bords de Rance	2 h	86
17 Balade autour de Taden	3 h	44	37 Les vallées de Plélan-le-Petit	3 h	88
18 De la Rance romaine à la Rance médiévale	3 h 30	46	38 Autour de Saint-Michel-de-Plélan	3 h	90
19 Circuit du Bigault	2 h 30	48	39 L'If Maudézien	3 h	92
20 Autour de Saint-André-des-Eaux	3 h	50			

Classement des randonnées

Très facile   Facile   Moyen   Difficile

INDEX DES NOMS DE LIEUX — p 96

Choisir sa randonnée

Les randonnées sont classées par ordre de difficulté.
Elles sont différenciées par des couleurs dans la fiche pratique de chaque circuit.

très facile   Moins de 2 heures de marche
Idéale à faire en famille, sur des chemins bien tracés.

facile   Moins de 3 heures de marche
Peut être faite en famille. Sur des chemins, avec quelquefois des passages moins faciles.

moyen   Moins de 4 heures de marche
Pour randonneur habitué à la marche. Avec quelquefois des endroits assez sportifs ou des dénivelés.

difficile   Plus de 4 heures de marche
Pour randonneur expérimenté et sportif. L'itinéraire est long ou difficile (dénivelé, passages délicats), ou les deux à la fois.

Durée de la randonnée
La durée de chaque circuit est donnée à titre indicatif. Elle tient compte de la longueur de la randonnée, des dénivelés et des éventuelles difficultés.
Pas de complexe à avoir pour ceux qui marchent à « deux à l'heure » avec le dernier bambin, en photographiant les fleurs.

Quand randonner ?

■ **Automne-hiver :** les forêts sont somptueuses en automne, les champignons sont au rendez-vous (leur cueillette est réglementée), et déjà les grandes vagues d'oiseaux migrateurs animent l'air froid.

■ **Printemps-été :** les mille coloris des fleurs enchantent les jardins, les bords des chemins et les champs.

■ Les journées longues de l'été permettent les grandes randonnées, mais attention aux coups de chaleur. Il faut boire beaucoup d'eau.

■ En période de chasse, certaines randonnées sont déconseillées, voire interdites (sauf le mercredi, jour non chassé). Se renseigner en mairie.

Avant de partir, il est recommandé de s'informer sur le temps prévu pour la journée, en téléphonant à Météo France : 32 50, Internet : www.meteo.fr

Pour se rendre sur place

En voiture
Tous les points de départ sont facilement accessibles par la route.
Un parking est situé à proximité du départ de chaque randonnée.
Ne laissez pas d'objet apparent dans votre véhicule.

Par les transports en commun
■ SNCF, 5 Bd Charner, 22000 Saint-Brieuc, tél. 36 35, Internet : www.voyages-sncf.com
■ Compagnie Armoricaine des Transports (CAT), 6 rue du Combat-des-Trente, 22000 Saint-Brieuc, tél. 02 96 68 31 20
■ Armor Griffon Taxis, tél. 02 96 94 70 70

Où boire, manger et dormir dans la région ?

Un pique nique sur place ?
Chez l'épicier du village, le boulanger ou le boucher, mille et une occasions de découvrir les produits locaux.

Pour découvrir un village ?
Des terrasses sympathiques où souffler et prendre un verre.

Une petite faim ?
Les restaurants proposent souvent des menus du terroir. Les tables d'hôtes et les fermes-auberges racontent dans votre assiette les spécialités du coin.

Une envie de rester plus longtemps ?
De nombreuses possibilités d'hébergement existent dans la région.

Boire, manger et dormir dans la région ?	ALIMENTATION	RESTAURANT	CAFÉ	HEBERGEMENT
Bobital	X		X	X
Dinan	X	X	X	X
Erquy	X	X	X	X
Fréhel-Sables-d'Or	X	X	X	X
Guildo (Le)		X	X	X
Guitté	X	X	X	X
Jugon-les-Lacs	X	X	X	X
Lancieux	X	X	X	X
Langrolay	X		X	X
Languédias	X			
Matignon	X	X	X	X
Plancoët	X	X	X	X
Plélan-le-Petit	X	X	X	X
Pleslin-Trigavou	X	X	X	X
Pléven	X			X
Ploubalay	X	X	X	X
Plouër-sur-Rance	X	X	X	X
Pluduno	X	X	X	
Quévert	X	X	X	X
Saint-Cast	X	X	X	X
Saint-Juvat	X		X	X
Sévignac			X	X
Taden	X	X	X	X
Trémereuc		X	X	
Vicomté-sur-Rance (La)	X			

3

La randonnée est reportée en rouge sur la carte IGN

Rivière

Village

La forêt (en vert)

=== La fabrication de l'ocre ===

Le minerai brut d'extraction doit être lavé pour séparer l'ocre marchande des sables inertes. L'eau délaie la matière brute qui décante pendant le trajet pour ne laisser subsister que de l'ocre pur que le courant emporte dans les bassins. Après plusieurs jours de repos dans les bassins, l'eau de surface ne contient plus d'ocre. La couche d'ocre déposée au fond peut atteindre 70 à 80 cm d'épaisseur. Encore à l'état pâteux, la surface de l'ocre est griffée à l'aide d'un carrelet. Elle est ensuite découpée à la bêche et entassée en murs réguliers où les briquettes d'ocre achèvent de sécher. Le matériau part ensuite pour l'usine où s'achèvera son cycle de préparation : broyage, blutage et cuisson.

Colorado provençal. *Photo D. G.*

52

Pour en savoir plus

4

Nom et Numéro de la randonnée

Pour se rendre sur place

Temps de marche à pied

Longueur

Classement de la randonnée :

■ Très facile   ■ Moyen
■ Facile   ■ Difficile

Le Sentier des Ocres — Fiche pratique 17

3 h
9 Km

Cet itinéraire présente le double avantage d'une découverte à la fois panoramique et intime des ocres.

Situation : Rustrel sur la D 22 à 13 km au Nord-Est d'Apt.

Parking communal de Rustrel

Balisage
① à ③ blanc-rouge
③ à ① jaune

Difficulté particulière
■ passages raides dans la descente sur Istrane

Ne pas oublier

Du parking, emprunter la route vers l'Est.

Dans le prochain virage à gauche, prendre à droite en chemin de Rustrel à Viens qui descend vers la Franchir le torrent. Passer à côté d'un cabanon en Un peu plus haut, le chemin surplombe un cirque de s ocreux.

aisser le GR° 6 à gauche. Plus haut le chemin sur- e le ravin de Barries et le moulin du même nom. En du vallon de Barries, prendre à gauche une route.

u carrefour suivant, tourner à droite.

près une petite ferme entourée de cèdres et de s, prendre à droite le chemin qui parcourt le rebord ateau.

près une courte descente, prendre à droite. Suivre le du ravin des Gourgues. Ne pas prendre le prochain r sur la gauche. A la bifurcation suivante, prendre à e le sentier à peu près horizontal qui s'oriente vers st. Un peu plus loin, longer une très longue bande de ultivée. Se diriger vers la colline de la Croix de Cristol.

pied de celle-ci prendre à droite le sentier qui descend strane. *Il s'ag e l'ancien chemin de Caseneuve à el. Une éclair vre des points de vue sur les pentes es de Couvin ur la chapelle de Notre-Dame-des- s et sur Saint-S turnin-lès-Apt. Au fur et à mesure de la nte, la végéta on change de physionomie pour laisser à des espè s qui affectionnent les terrains sableux. nir la Doa et monter la route jusqu'à Istrane.*

u croisement prendre à droite l'ancien chemin de la Passer à pr ximité d'une ancienne usine de condition- nt de l'ocre, uis à côté de Bouvène. Avant de regagner nt de départ on peut remarquer le site des Cheminées es (*colonne de sables ocreux protégées par des blocs s*).

À voir

En chemin
■ Gisements de sables ocreux
■ Chapelle Notre-Dame-des-Anges

Dans la région
■ Roussillon : sentier des aiguilles et usine Mathieu, consacrés à l'exploitation de l'ocre.

53

Parking

Balisage des sentiers *(voir page 7)*

Attention

Prévoir des jumelles

Prévoir une lampe de poche

Emporter de l'eau

Sites et curiosités à ne pas manquer en chemin

Autres découvertes à faire dans la région

Description précise de la randonnée

Des astuces pour une bonne rando

■ Prenez un petit sac pour y mettre la gourde d'eau, le pique-nique et quelques aliments énergétiques pour le goûter.

Le temps peut changer très vite lors d'une courte randonnée. Un coupe-vent léger ou un vêtement chaud et imperméable sont conseillés suivant les régions.

En été, pensez aux lunettes de soleil, à la crème solaire et au chapeau.

■ La chaussure est l'outil premier du randonneur. Elle doit tenir la cheville. Choisissez-la légère pour les petites randonnées. Si la rando est plus longue, prévoyez de bonnes chaussettes.

■ Mettre dans son sac à dos l'un de ces nouveaux petits guides sur la nature qui animera la randonnée. Ils sont légers et peu coûteux. Pour reconnaître facilement les orchidées sauvages et les différentes fougères. Cela évite de marcher n'importe où et d'écraser des espèces rares ou protégées.

■ Pour garder les souvenirs de la randonnée, des fleurs et des papillons, rien de tel qu'un appareil photo.

■ Les barrières et les clôtures servent à protéger les troupeaux ou les cultures. Une barrière ouverte sera refermée.

■ Les chiens sont tenus en laisse. Ils sont interdits dans les parcs nationaux et certaines zones protégées.

SUIVEZ
LE BALISAGE
POUR RESTER
SUR LE BON
CHEMIN.

LE BALISAGE DES SENTIERS PR®   GR®   GRP®

	PR®	GR®	GRP®
Bonne direction			
Tourner à gauche			
Tourner à droite			
Mauvaise direction			

PR LE CHATEAU 2h

Où s'adresser ?

■ *Comité Régional du Tourisme (CRT)*

Le CRT publie des brochures d'informations touristiques (gratuites) sur la région

• CRT de Bretagne, tél. 02 99 28 44 30

■ *Comité Départemental du Tourisme (CDT)*

Le CDT publie des brochures (gratuites) mises à jour sur les activités, les séjours et l'hébergement dans le département ainsi que la liste des Offices de tourisme et Syndicats d'initiative :

• CDT des Côtes-d'Armor, 7 rue Saint Benoît, BP 4620, 22000 Saint-Brieuc Cedex 02
Tél. 02 96 62 72 00 ; e-mail : armor@cotesdarmor.com

■ *Pays d'accueil et Offices de tourisme*

Ils peuvent également vous renseigner :
- Pays d'Accueil touristique de Dinan, tél. 02 96 39 62 64
- OT Dinan, tél. 02 96 87 69 76
- OT Erquy, tél. 02 96 72 30 12
- OT Fréhel-Sables-d'Or-les-Pins, tél. 02 96 41 53 81
- OT Jugon-les-Lacs, tél. 02 96 31 70 75
- OT Matignon, tél. 02 96 41 13 90
- OT Plancoët, tél. 02 9684 00 57
- OT Saint-Cast-le-Guido, tél. 02 96 41 81 52

■ *La Fédération française de la randonnée pédestre*

Pour tous renseignements sur la randonnée en France et sur les activités de la Fédération française de la randonnée pédestre
• Le Centre d'Information de la Fédération
14 rue Riquet, 75019 Paris, tél. 01 44 89 93 93 ; fax 01 40 35 85 67.
Internet : www.ffrandonnee.fr.
E.mail : info@ffrandonnee.fr

• Le Comité régional de la randonnée pédestre de la Bretagne
8, Rue de la Jannaie, 35760 Saint-Grégoire,
tél./fax : 02 99 68 74 26.
E-mail : rando.comitebretagne@wanadoo.fr

• Le Comité départemental de la randonnée pédestre
Côtes-d'Armor, 7 rue Saint-Benoît, 22000 Saint-Brieuc,
tél./fax : 02 96 62 72 12
E-mail : cdrp22@wanadoo.fr

■ *Divers*

• Gîtes de France en Côtes-d'Armor, tél. 02 96 62 21 74

Découvrir
le**Pays** de**Dinan**

Mouettes rieuses. *Dessin P. R.*

Les remparts de Dinan. *Photo M.-L J.*

L e pays de Dinan se cache entre les berges de la Rance et du Frémur, et baigne ses rives découpées sur les bords de la Manche. Pays de vallées profondes, sa côte ciselée offre de nombreux sites connus, comme le cap Fréhel, la pointe de Saint-Cast, le fort de La Latte. L'arrière-pays bocager relié à la Manche par de nombreux cours d'eau est une riche région agricole dont Corseul fut, à l'époque gallo-romaine, le centre incontesté. La flore diffère selon les terrains. En suivant les sentiers côtiers, de nombreuses espèces d'oiseaux marins, tels que les goélands, les mouettes et les cormorans, s'offrent à votre regard. L'économie de la région est centrée sur deux activités principales : le tourisme et l'agroalimentaire. Pays du connétable Du Guesclin, de nombreuses reconstitutions historiques telle que la fête des remparts à Dinan ou les journées du château de la Hunaudaye, sont proposées aux vacanciers. La richesse du patrimoine culturel est souvent mise en évidence lors de Pardons et de Fest Noz organisés par la plupart des communes du pays de Dinan. La Côte d'Emeraude offre ses plages de sable fin, ses produits de la mer et de nombreux ports de plaisance, où l'on peut pratiquer tous les sports nautiques. Les hommes et les femmes du Comité départemental de la randonnée pédestre des Côtes-d'Armor ont, depuis vingt ans, créé des sentiers GR® et PR® qui sillonnent cette belle région. Tout au long des itinéraires proposés, les nombreux vestiges d'un passé très riche défilent devant vous.

Ruelle dans Dinan. *Photo Y. B.*

9

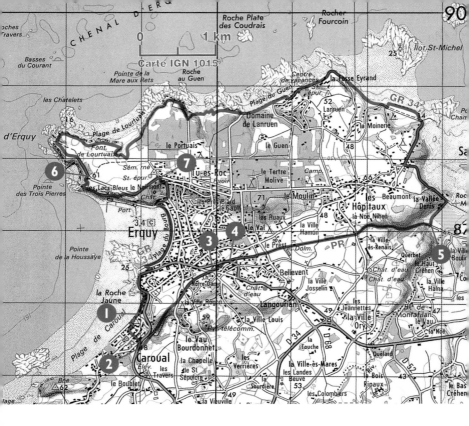

La coquille Saint-Jacques

L'homme de la Préhistoire en consommait pour se nourrir. Il en fit des bijoux et elle devint monnaie d'échange.

Nous la retrouverons dans tous les rites mythiques de l'Antiquité à nos jours.

Symbole de fécondité et d'amour en Grèce, aux Indes et en Chine, chez les Musulmans, la coquille surmonte souvent le mihrab des mosquées. En architecture, elle devient chapiteau, clef de voûte... Au 11e siècle, elle est adoptée comme nouveau symbole religieux avec Saint Jacques-le-Majeur et jalonnera les routes de pèlerinage à travers la France et l'Espagne en direction de Compostelle.

De nos jours, ce coquillage a pris rang sur toutes les cartes des restaurateurs, où ses qualités gustatives sont appréciées de tous.

Coquille Saint-Jacques.
Dessin P.R.

Le tour du Cap d'Erquy

5 h
18 Km

En marchant le long de la côte sauvage balayée par le vent du large, vous découvrirez le cap d'Erquy.

Situation Erquy, à 23 km au Nord de Lamballe par les D 791, D 17A et D 786

 Parking
plage de Caroual

❶ Longer le terrain de camping, passer devant les cabines téléphoniques, puis emprunter la rue en face. Au premier croisement, tourner à gauche, continuer tout droit, monter les escaliers et, en haut des marches, partir à droite en direction de Pléneuf en marchant sur le bas-côté herbeux de la route sur 50 m.

Balisage

❶ à ❺ jaune
❺ à ❶ blanc-rouge

❷ A hauteur du transformateur électrique, traverser la D 786, tourner à gauche et emprunter l'ancienne ligne de chemin de fer départementale. Passer le pont qui enjambe la vallée et continuer tout droit. Couper la route et poursuivre par la rue du Viaduc jusqu'au carrefour de la chapelle Notre-Dame.

❸ Utiliser le passage-piétons pour traverser la route, se diriger vers la caserne des pompiers et longer son pignon pour atteindre une aire de jeux de boules. Suivre la direction *ancienne ligne de chemin de fer*.

Ne pas oublier

❹ Traverser la route, emprunter le chemin sur la droite du foyer-logement, puis poursuivre par le chemin du Diable. Couper une route, continuer par un sentier parallèle à la route *(panorama)*.

❺ Ne pas franchir l'ancien pont de chemin de fer, mais descendre les escaliers sur la gauche et suivre le GR® 34 qui longe la côte jusqu'au cap d'Erquy (*bien suivre le balisage*). Passer le parking du Cap et continuer par la route sur 200 m.

❻ S'engager, à droite, dans la lande, passer la pointe des Trois-Pierres *(four à boulets)*. Suivre, à gauche, le sentier aménagé dans les anciennes carrières *(panorama sur le port)*. Durant les travaux de sécurisation du sentier côtier, à l'aplomb de la criée, passer à gauche par un sentier en sous-bois. *(Possibilité de se rendre au Lac Bleu par un chemin à droite)*. Rejoindre la route et la prendre à droite en direction d'Erquy sur 500 m.

 **À voir**

 En chemin

■ ancienne voie ferrée
■ dolmen ■ littoral, lande et cap d'Erquy ■ four à boulets

❼ Descendre par les escaliers sur la droite, suivre la route, puis emprunter à droite de nouveaux escaliers qui aboutissent au port d'Erquy. Suivre la plage sur la gauche. Au bout, tourner à gauche, longer la D 786 à droite et s'engager à droite sur le chemin piétonnier qui ramène au point de départ.

Dans la région

■ Erquy : château de Bien-Assis, port, plages ■ Fréhel : cap Fréhel et fort La Latte

Le Cap Fréhel

La vaste étendue de lande, unique en Europe par la rareté de ses constituants est aujourd'hui un site protégé : la fréquentation de ce lieu par les touristes avait mis en danger le site lui-même en détruisant le sol ; les nombreux passages usaient la roche mise à nu. La dispersion des promeneurs perturbait les espèces animales, particulièrement les petits passereaux nichant dans la lande (pipits, traquets…). Le piétinement menaçait de disparition quelques espèces végétales rares. À l'heure actuelle, une végétation d'ajoncs nains, de bruyères, réapparaît à la pointe ; les zones de passages sont délimitées par des fils très discrets qui ne déparent pas le site.

Phares du cap Fréhel.
Photo Y.B.

Le tour du Cap Fréhel

A la pointe de 400 hectares de lande, un spectaculaire cap de grès rose surplombe la mer.

5 h
19 Km

Situation Pléhérel-Plage-Vieux-Bourg, à 26 km au Nord-Est de Lamballe par les D 768, D 13, D 89 et D 34

Parking plage du Vieux-Bourg

Balisage
1 à **4** blanc-rouge
4 à **1** jaune

Pipit maritime. Dessin P.R.

1 Du parking, longer la plage du Vieux-Bourg vers l'Est puis celle des Grèves-d'En-Bas. Au bout, poursuivre par le sentier côtier à travers la lande. Passer au-dessus de Port-au-Sud-Est et continuer à travers la lande en évitant la réserve d'oiseaux de la pointe du Jas. Arriver au cap Fréhel.

2 Poursuivre par le sentier côtier. Il passe devant la Fauconnière et la réserve ornithologique puis mène au fort La Latte.

3 Continuer par le GR® et atteindre le vallon juste avant la pointe du Château-Serein. Emprunter à droite le chemin empierré. Au bout, tourner à gauche et atteindre une intersection.

4 Virer à droite, traverser la D 16a et poursuivre par le chemin de terre. Au bout, tourner à gauche, couper la D 16 et continuer par la petite route jusqu'à La Moinerie.

5 Dans le hameau, suivre la route à droite sur 600 m puis la route à gauche sur 200 m et tourner à droite au carrefour de La Ville-Rouault.

Ne pas oublier

6 Emprunter à gauche le chemin empierré qui mène au tennis, puis la route à droite en direction de La Ville-Oie. Prendre la D 34E à gauche, tourner à droite pour passer devant la gendarmerie, couper la D 34a et poursuivre par le chemin en face sur 250 m.

7 Tourner à gauche et rejoindre le parking de départ.

À voir

 En chemin

■ sentier côtier ■ végétation de la lande ■ cap Fréhel ■ fort La Latte 13e-14e

 Dans la région

■ Matignon : lavoir et chapelle de Saint-Germain-de-la-Mer ■ Erquy : cap, port, château de Bien-Assis

Anse des Sevignés. *Photo Y. B.*

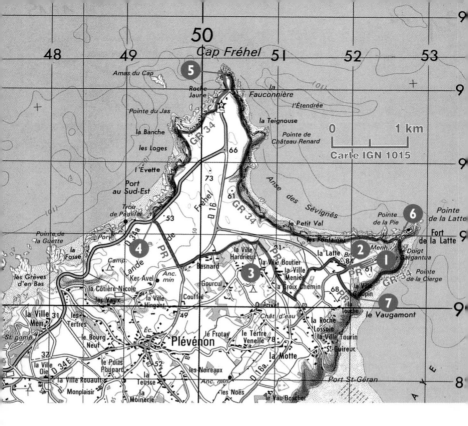

Fort La Latte

En débouchant à la pointe de La Latte, on découvre un fort ancré sur un rocher dominant la mer. Pour y entrer, il faut franchir deux ponts-levis et pénétrer dans la première cour intérieure où l'on peut se pencher sur la citerne d'eau de pluie creusée dans le sol schisteux du fort. Elle fut réalisée par l'ingénieur Simon Garangeau en 1691. Elle est alimentée par un réseau de gouttières courant sur les toits du fort.

Sur la gauche, la chapelle Saint-Michel fondée par la famille Goyon. Surplombant les remparts une tour circulaire dont l'escalier en colimaçon permet d'atteindre le sommet. Ce château fort élevé pour certains en 937, pour d'autres au 14e siècle, a été le théâtre de nombreux films, dont « Les Vikings » en 1958.

Fort La Latte. *Photo Y.B.*

Circuit des deux Pointes

3h30
12 Km

Partez à la découverte d'un site naturel protégé où l'écosystème est en grand danger.

Situation fort La Latte, à 32 km au Nord-Est de Lamballe par les D 768, D 13, D 43, D 786, D 16 et D 16A

❶ Au parking, prendre à gauche la D 16A.

P **Parking** fort

❷ Emprunter la route à droite, passer le hameau de La Latte, couper la route, puis bifurquer sur le chemin à gauche. Suivre la route à droite en direction de La Ville-Menier, traverser le hameau et continuer sur 400 m.

 **Balisage**
❶ à **❹** jaune
❹ à **❼** blanc-rouge
❼ à **❶** jaune

Goéland marin. *Dessin P.R.*

❸ A l'intersection, tourner à gauche et déboucher sur la D 16. La longer sur la gauche puis, au carrefour, prendre à droite le chemin qui traverse la lande de Fréhel. Couper la D 34A et atteindre le sentier côtier.

Ne pas oublier

❹ Le suivre à droite et gagner le cap Fréhel.

❺ Continuer par le sentier côtier, passer près de la réserve et arriver au fort de La Latte.

À voir

❻ Poursuivre par le sentier sur plus d'1 km et atteindre une intersection.

En chemin

■ sentier côtier, végétation de la lande ■ cap Fréhel
■ le rocher de la Fauconnière et ses oiseaux ■ fort La Latte 13e-14e

❼ Grimper par le petit chemin à droite et prendre à droite la D 16A.

❽ Continuer tout droit pour rejoindre le point de départ.

Dans la région

■ Erquy : château de Bien-Assis, port, falaises et cap, plages ■ Sables-d'Or-les-Pins : dunes et plage
■ Matignon : lavoir et chapelle de Saint-Germain-de-la-Mer

Bruyère ciliée.
Dessin N.L.

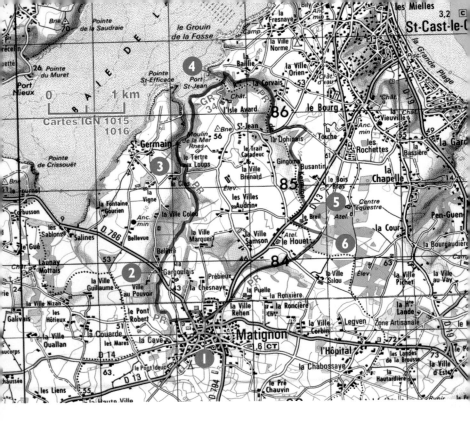

Un célèbre hôtel

Ce circuit emprunte la campagne proche de Matignon dont le nom rappelle celui d'un certain hôtel, résidence de nos Premiers Ministres. En effet, Jacques de Goyon, sire de Matignon, dont les ancêtres occupaient le château de la Roche-Goyon, aujourd'hui Fort La Latte, acquit au 18e siècle l'hôtel de la rue de Varennes. Son fils épouse en 1775, Louise Grimaldi, fille aînée d'Antoine Grimaldi, prince de Monaco. Une des conditions du mariage précisait que l'époux prenne, ainsi que ses successeurs, le nom et les armes de Grimaldi, le prince n'ayant pas d'héritiers mâles. C'est ainsi que le prince régnant sur le fameux rocher a des ancêtres directs bretons.

Le fort La Latte, reproduction d'une gravure ancienne. *Photo A.D.*

De Matignon au Port Saint-Jean

Ce n'est pas un hasard si la commune de Matignon et la résidence du premier ministre à Paris portent le même nom : les seigneurs de Matignon, maîtres du Fort la Latte et de la région ont acquis le palais parisien au 18e siècle.

Situation Matignon, à 24 km au Nord-Est de Lamballe par les D 768 et D 13

 Parking du supermarché de Matignon.

Balisage
- ❶ à ❸ jaune
- ❸ à ❹ blanc-rouge
- ❹ à ❶ jaune

❶ Du parking du supermarché, rejoindre la D 786. En direction de Fréhel, passer devant une école et à 100 m, couper la départementale. Longer un grillage, contourner les bassins de lagunage et atteindre la motte féodale de La Guerche. Suivre la rivière.

❷ Couper la D 786 (prudence), descendre et se diriger vers Belêtre. Bifurquer à droite sur le sentier et continuer jusqu'aux ruines du moulin de la Mer.

❸ Poursuivre en sous-bois par un sentier le long de l'embouchure de la rivière. Atteindre le littoral et continuer en surplombant les plages de Port-Saint-Jean.

❹ Franchir un ruisseau par un pont en grosses pierres. A droite, remonter son cours jusqu'au hameau de la Dohinais. Emprunter la route à gauche, puis à droite au carrefour. Au premier chemin empierré, aller à droite pour rejoindre la vallée du ruisseau Kermiton. Gagner l'aire de pique-nique au bord de la D 13.

❺ Continuer à droite par un chemin parallèle à la D 13. Couper cette départementale. Marcher 100 m sur une route puis sur un chemin empierré. Passer en sous-bois pour atteindre la piste cyclable (ancienne voie de chemin de fer).

❻ A droite, par la piste cyclable, rejoindre Matignon et le parking de départ.

Digitale pourpre.
Dessin N.L.

 **À voir**

En chemin
■ motte féodale ■ moulin de la mer ■ vue sur la baie de la Fresnaye ■ plages ■ vallées.

Dans la région
■ Fréhel : cap Fréhel et fort La Latte ■ Saint Cast : pointes de Saint-Cast et de la Garde, plages ■ Créhen : château du Guildo

La Bataille de Saint-Cast

D ans la cour du presbytère, une pièce d'artillerie anglaise rappelle un épisode de la guerre de Sept-Ans. La guerre est déclarée par Louis XV aux Anglais depuis 1756. Les premiers jours de septembre 1758, la flotte ennemie débarque dix mille hommes dans la région et mouille ses bateaux sur la plage entre la pointe de la Garde et la pointe de l'Isle :

Canon du 17e siècle, exposé à la pointe de Saint-Cast, ayant servi le 11 septembre 1758. *Photo M.-L. J.*

« les paroisses des environs furent dévastées et pillées pendant plusieurs jours » ; le duc d'Aiguillon procéda à une levée en masse et le 11 septembre, les Bretons décimèrent l'adversaire replié à Saint-Cast. On dit qu'ils furent aidés par un régiment de Gallois, qui changea de camp en entendant les Bretons entonner un chant de guerre qu'ils connaissaient aussi.

Saint-Cast, la baie de la Fresnaye

4 h
15 Km

Situation Saint-Cast-le-Guildo, à 30 km au Nord-Est de Lamballe par les D 768 et D 13

Cette région possède un passé historique varié, avec entre autres, le souvenir d'une victoire sur les Anglais qui permit la libération de la Bretagne.

Parking
office du tourisme

❶ Se diriger vers la plage par la rue Primeuguet et la longer vers la droite.

Balisage
❶ à ❷ blanc-rouge
❷ à ❻ jaune
❻ à ❶ blanc-rouge

❷ Prendre la rue Yves-Dumanoir. Au rond-point, continuer en direction de Matignon, Lamballe et Saint-Brieuc (*sur la droite, au sommet de la colline, vue sur la colonne érigée en 1858, en souvenir de la victoire remportée sur les Anglais, cent ans auparavant*).

❸ Au niveau d'un bouquet de chênes verts, descendre à gauche vers le terrain de camping. Le longer pour arriver au cimetière des Braves. Remonter par le sentier. Après le lavoir, tourner à gauche pour atteindre le moulin d'Anne. Traverser la route et s'engager sur le chemin qui démarre près de la croix.

Ne pas oublier

❹ Au bout, prendre la route à droite puis la rue des Eblacs à gauche, passer devant un centre équestre, puis pénétrer à droite dans un bois. Contourner le terrain de concours hippique, poursuivre par le chemin et déboucher dans une large allée (*ancienne voie de chemin de fer*). Parcourir 300 m, couper la D 13 et, par un chemin à droite, parallèle à la départementale, atteindre l'aire de pique-nique.

❺ S'engager dans un chemin à gauche (*entrée parfois humide en hiver*), puis un chemin empierré à droite. Sur la route, tourner à gauche et encore à gauche et arriver au village de la Dohinais. Le chemin à droite longe la rivière jusqu'à Port Saint-Jean.

À voir

En chemin

■ cimetière des Braves
■ motte féodale ■ vue sur la baie de la Fresnaye ■ pointe de Saint-Cast ■ plages.

❻ Suivre le sentier littoral et atteindre la pointe de Saint-Cast.

❼ Traverser le parking, trouver le chemin qui surplombe le port. Descendre sur la route, longer le Port-Jacquet puis la plage des Mielles et retrouver le point de départ.

Dans la région

■ Erquy : château de Bien-Assis, port, falaises et cap ■ Créhen : château du Guildo ■ Saint-Jacut-de-la-Mer : pointe du Chevet, bourg, plages

Le château de Gilles de Bretagne

Cette construction de surveillance de l'estuaire de l'Arguenon, date du 14e siècle. Gilles de Bretagne y a vécu deux ans (1444 – 1446). Fils de Jean V et de Jeanne de France (fille de Charles VI), ses deux frères aînés portent successivement la couronne de Duc de Bretagne. Lui, à huit ans, est ambassadeur en Angleterre. À la mort de son père, il vient s'installer au Guildo. Malgré l'ordre de son frère, en 1446, il y reste jusqu'à l'invasion du château par les troupes de Charles VII, roi de France. Emprisonné à Dinan, il y sera assassiné (par ses gardes ?) en 1450. Son gisant, en bois, se trouve au musée de Saint-Brieuc.

Ce château médiéval, dégagé sans engin mécanique, est en cours de réhabilitation et fait l'objet de fouilles archéologiques.

En arrière-plan, port et château du Guildo.
Photo Y.B.

Autour de l'Arguenon maritime

Jadis, les gabares remontaient difficilement l'Arguenon jusqu'à Plancoët pour apporter les amendements calcaires marins utiles à l'agriculture.

❶ Par le sentier à gauche, atteindre Le Guildo. A droite, franchir le pont sur l'Arguenon, puis tourner à gauche et gagner le croisement des GR® et GRP®.

❷ Emprunter l'ancienne voie ferrée qui remonte les vallées de l'Arguenon puis du Guébriand. Descendre par le chemin à gauche et franchir la vallée. Prendre la grande montée par le chemin empierré pour arriver au hameau de Bellancray. Tourner à gauche et longer la rivière sur la hauteur. Passer les maisons de Fromentel et poursuivre par la route sur 500 m.

❸ Partir à gauche pour descendre dans les herbus de la vallée de l'Arguenon, puis remonter la vallée sur 2 km. Monter à droite, atteindre la chapelle Saint-Pierre. Passer devant une croix, tourner à gauche vers Bonne-Eglise, longer une ferme et continuer par le chemin bordé de peupliers et de châtaigniers.

❹ Après le terrain de camping, s'engager à droite sur le chemin bordé de chênes. Descendre par la D 19 à gauche. Au pied de la côte, tourner à gauche puis à droite pour arriver au pont.

❺ Franchir le pont, suivre la rive droite de l'estuaire de l'Arguenon, puis par l'ancienne voie de chemin de fer, arriver à la D 786.

❻ A gauche, descendre par la route sur quelques mètres, tourner à droite, contourner la ferme du Grand-Pré, couper une route et poursuivre par le sentier jusqu'au château du Guildo.

❼ Revenir au parking par le sentier à gauche.

3 h 30
13 Km

Situation Le Guildo (en Créhen) à 30 km au Nord-Ouest de Dinan par la D 794 jusqu'à Plancoët puis les D 19 et D 786.

 Parking du château du Guildo

 Balisage
❶ à ❷ blanc-rouge
❷ à ❺ jaune-rouge
❺ à ❼ jaune
❼ à ❶ blanc-rouge

Ne pas oublier

 **À voir**

En chemin
■ château de l'Argentaye

Dans la région
■ Plancoët : musée de la Source Sassay, vieilles demeures et manoirs, pierres sonnantes ■ Saint-Jacut-de-la-Mer : pointe du Chevet, bourg, plages
■ Fréhel : cap Fréhel et fort La Latte

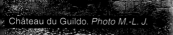
Château du Guildo. *Photo M.-L. J.*

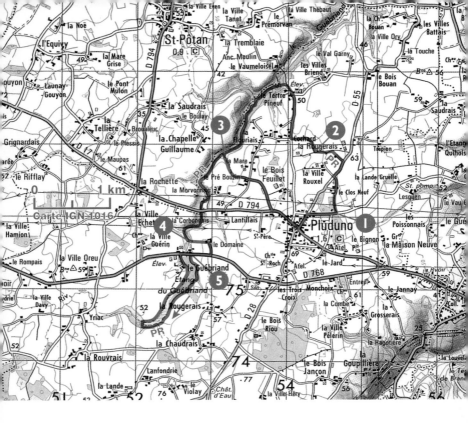

Des jours heureux à Pluduno

Chateaubriand, né à Saint-Malo le 4 septembre 1768 passa trois ans chez une nourrice au village de la Villeneuve-en-Pluduno : « en sortant du sein de ma mère, je subis mon premier exil, on me relégua à Plancoët… »

Il rejoint ensuite Saint-Malo puis Combourg et les collèges de Dol et Dinan d'où il rend visite à son oncle, le comte de Bédée à Pluduno : « …Tout respirait la joie ; l'hilarité de mon oncle était inépuisable. Il avait trois filles, Caroline, Marie et Flore, et un fils, le comte de la Bouëtardaye, conseiller au Parlement qui partageait son épanouissement de cœur. Monchoix était

Le château de Monchoix à Pluduno.
Photo M.-L. J.

toujours rempli de gentilshommes du voisinage. On faisait de la musique, on dansait, on chassait ; on était en liesse du matin au soir ». (Chateaubriand, *Mémoires de ma vie*).

Circuit de Pluduno

Rouge-gorge.
Dessin P.R.

Partez à la découverte de la sauvage vallée du Guébriand et de son étang.

❶ Prendre le chemin en direction du Clos-Neuf, emprunter la D 55 à droite, puis partir à gauche et suivre la direction de Moullepieds.

❷ Au pied de la prairie de La Ville-Rouxel, emprunter le chemin à droite en direction de Cochard. Tourner à droite et gagner Le Tertre-Pineuf. Descendre dans la vallée du Guébriand et remonter la rivière à gauche à travers les prairies. Passer près du Champ-Gaultier, continuer le long de la rivière et atteindre une intersection dans la peupleraie.

▶ Variante (circuit total de 6 km) : tourner à gauche, puis utiliser la fin du descriptif pour rejoindre Pluduno et retrouver le parking.

❸ Poursuivre le long de la rivière, traverser la D 794 au niveau du pont de la Madeleine et continuer dans la vallée.

❹ 200 m avant la D 768, s'engager dans une sente à gauche et atteindre la ferme le Domaine. Par la route d'accès à droite, arriver à la D 768. Tourner à droite et parcourir 300 m sur la droite de la chaussée derrière les glissières de sécurité. Couper la départementale (prudence).

❺ Partir en face pour effectuer le tour de l'étang de Guébriand. Revenir à la D 768. A droite, parcourir 100 m en contrebas de la route. Couper la D 768 et suivre l'itinéraire utilisé à l'aller, passer le Domaine.

❻ Retrouver la vallée, tourner à droite et gagner l'intersection dans la peupleraie.

❼ Emprunter la route à droite, passer le carrefour près du Pré-Boutin. Au carrefour suivant, à gauche sur la D 794, se diriger vers Pluduno et rejoindre le parking.

3 h 20 · 13 Km

Situation Pluduno, à 19 km au Nord-Ouest de Dinan par les N 176 et D 794

 Parking salle polyvalente

Balisage jaune

À voir

 En chemin

■ vallée du Guébriand ■ manoir de Lantillais ■ étang et manoir du Guébriand ■ croix mérovingienne.

 **Dans la région**

■ Plancoët : musée de la Source Sassay, vieilles demeures et manoirs, abbaye trinitaire, couvent des Dominicains
■ Plédéliac : château de la Hunaudaye, ferme d'Antan à Saint-Esprit-des-Bois
■ Dinan : remparts, château, musée, demeures 15e-19e, couvents, basilique, église.

Le tertre Corlieu

P rotégé par un arrêté de protection du biotope, le tertre Corlieu voit ses dunes, accumulations de sable éolien au cours d'une période de régression marine, menacées de destruction par la remontée du niveau marin. Sous l'effet du piétinement, elles se creusent de sentiers qui, en s'élargissant, accentuent la destruction de la végétation. La pose de clôtures commence à produire ses effets : le carex des sables étend ses rhizomes, l'oyat forme des touffes, ce qui stabilise le sable. Cependant, de grands espaces occupés par le rosier pimprenelle, le troène, les églantiers et les prunelliers témoignent encore de la dégradation de ce milieu fragile. Dans le polder, où la végétation reste rase, fleurissent des orchidées et d'autres plantes rares dans la région.

Stabilisation des dunes. *Photo M.-L. J.*

Digues et polders de Lancieux et Ploubalay

En marchant dans les polders, retrouvez les digues qui ont permis aux moines de Saint-Jacut puis au seigneur De La Roche (15e et 18e siècles) d'agrandir leur domaine en gagnant des terres sur la mer.

① En sortant du parking, tourner à gauche, arriver à la plage de Saint-Sieuc.

② Au Centre nautique, partir à gauche, le long du littoral. Passer par les Briantais, le Tertre Corlieu, puis par les polders, atteindre le pont sur le Floubalay.

Ophrys araignée, *Photo Y. Bou.*

③ Après le pont, prendre à gauche entre le Floubalay et la digue puis à droite pour traverser la digue. Emprunter le chemin à gauche, contourner un verger et tout droit retrouver la digue.

④ Franchir le ruisseau par un petit pont sur la gauche. Enjamber un autre ruisseau. Escalader la digue et, côté mer, aller à droite. Emprunter, à nouveau, le pont sur le Floubalay. Longer la digue jusqu'au grand sapin.

⑤ Traverser la digue au pied du sapin, tourner à gauche. Sur le premier chemin, tourner à droite et longer la digue Aux Moines.

⑥ A gauche, sur la D 786, parcourir 200 m. S'engager, à gauche, sur la route du Villeu, traverser le hameau et poursuivre.

⑦ Au carrefour, tourner à droite dans la rue du Frédy *(camping à gauche)*. A gauche, par la D 786, puis par le square Jean Conan, regagner l'Office du Tourisme.

Situation Lancieux à 19 km au nord de Dinan par les D 2 et D 786.

Parking de l'Office du Tourisme

Balisage
① à ③ blanc-rouge
③ à ④ jaune avec pastille verte
④ à ⑤ blanc-rouge
⑤ à ① jaune avec pastille verte

Ne pas oublier

À voir

En chemin

■ vieux Clocher ■ plages et pointes de Lancieux ■ le tertre Corlieu (dunes protégées) ■ digues et polders

Dans la région

■ Lancieux : le moulin à vent de Buglais ■ Dinan : remparts, demeures 15e-19e siècles, couvents, basilique, église ■ Saint-Malo : remparts, ville close, musées, le Grand Bé.

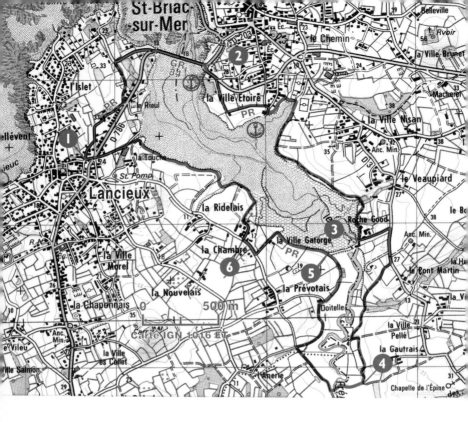

Les moulins à marée

La grande amplitude des marées permettait un fonctionnement des moulins assez éloignés de la mer, comme celui qui se trouve au fond de l'estuaire du Frémur. À marée montante, l'eau de mer s'engouffrait dans le bassin de la retenue d'eau. À marée descendante, le flux s'inversait et l'eau en s'évacuant actionnait la roue à aubes. L'usine marémotrice de la Rance a repris le principe de ces moulins à marée.

La rencontre de l'eau douce du Frémur et de l'eau de mer remontant dans l'estuaire a provoqué un dépôt abondant de sédiments sur lesquels pousse une végétation particulière.

Moulin à marée de la Roche Good au fond de l'estuaire du Frémur.
Photo M.-L. J.

Lancieux, l'estuaire du Frémur

3 h
10 Km

Situation Lancieux, à 20 km au Nord de Dinan par les D2 et D 786

Parking du vieux clocher

 Balisage

jaune avec pastille verte.

La petite sirène du vieux clocher. *Photo M.-L. J.*

Le vieux clocher est le seul élément restant d'une ancienne église qui, délabrée, fut démolie au début du 20e siècle. Une petite sirène, sculptée sur une pierre sauvée des décombres, orne ce clocher et figure sur le blason de Lancieux.

❶ Partir à gauche, emprunter les rues d'Armor et du Chanoine-Lemasson. Devant le transformateur, continuer par le chemin en face. Tourner à droite sur la D 786 et le pont sur le Frémur.

❷ Après 400 m sur la départementale, trouver à droite le sentier le long du Frémur. Atteindre le fond de la ria, occupé par le moulin à marée de la Roche Good.

❸ Quitter le moulin par sa route de desserte, s'engager à droite sur la route *(à gauche, moulin à vent)*, puis sur un sentier qui longe la rivière.

❹ Emprunter le chemin de terre à droite. Continuer en bordure de champ, puis par le chemin à droite. Au premier carrefour, aller à droite et arriver à la digue du moulin à marée.

❺ La laisser à droite, suivre la rive de l'estuaire. Bifurquer à gauche et par la route à droite gagner La Chambre. *(A marée haute de fort coefficient, rester sur cette voie communale pour retourner à Lancieux).*

❻ Traverser le hameau à droite, retrouver le rivage et le longer à gauche. Prendre la voie d'accès à la plage du Rieule, couper la D 786 et rejoindre le parking.

À voir

 **En chemin**

■ le vieux clocher et la sirène sculptée dans le granit
■ moulin à marée de la Roche-Good ■ moulin à vent
■ flore et avifaune de l'estuaire

Dans la région

■ Lancieux : le moulin à vent de Buglais ■ Saint-Malo : remparts, ville close, musées, le Grand Bé ■ Dinan : remparts, château, demeures 15e-19e siècles, couvents, basilique, église.

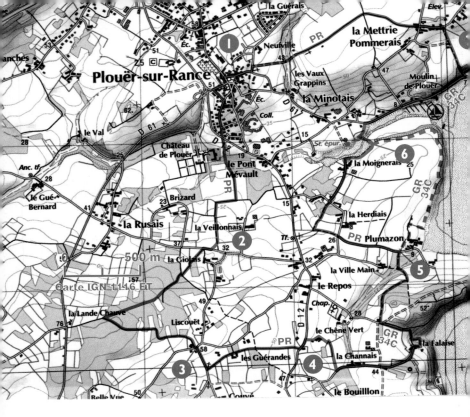

Histoire de Plouër
et de son château

Du 13e au 15e siècle, la vie quotidienne des paroissiens de Plouër fut souvent troublée par la rivalité de deux puissantes familles : les « de Plouër » et les « de Saint-Paul ».

Installés dans la paroisse, les seigneurs « de Plouër » combattirent les « de Saint-Paul », arrivés plus tard mais désireux d'acquérir biens et notoriété. Les « de Saint-Paul » bâtirent un château fort à « une portée d'arbalète » de la demeure des « de Plouër » aussi les seigneurs purent-ils guerroyer allègrement.

La famille de Plouër triomphante choisit le site du château des « de Saint-Paul » pour centre de leur domaine érigé en comté. Bien plus tard, les révolutionnaires rasèrent cet emblème du pouvoir de la noblesse. Le manoir, visible du chemin, a remplacé les bâtiments historiques. Quelques croix dans la campagne et les gisants dans l'église sont le témoignage de ce passé tourmenté.

Colombier de l'ancien château de Plouër-sur-Rance. *Photo M.-L. J.*

Les Bois Rochel en Plouër-sur-Rance

**3 h
10 Km**

Parcourez les anciens chemins creux, un peu sauvages, cachés sous les arbres et retrouvez l'estuaire de la Rance, le port de plaisance et l'aspect riant des bords de mer.

Situation Plouër-sur-Rance, à 11 km de Dinan, par la N 176 puis la D 12

 Parking du foyer-logement à Plouër-sur-Rance

Balisage
1 à 4 jaune
4 à 5 blanc-rouge
5 à 6 jaune
variante : blanc-rouge
6 à 7 blanc-rouge
7 à 1 jaune

 Difficulté particulière

■ chemins creux humides en période de pluie, entre 2 et 3 (chaussures antidérapantes indispensables).

Ne pas oublier

❶ Rejoindre l'église, obliquer à droite, puis descendre à droite par la rue de la Vieille Côte. Couper la D 12. S'engager dans le chemin creux. Franchir un ruisseau et monter. A l'intersection, tourner à droite *(vue sur le château)*, puis à 150 m, aller à gauche.

❷ Parcourir dix mètres à droite, puis couper la route pour monter, par un chemin creux. Croiser un sentier, poursuivre tout droit. A un croisement, prendre un virage en épingle à cheveux à gauche et continuer sur un sentier. Tourner à droite, marcher 100 m et tourner à gauche.

❸ Couper la rue de Liscouët et emprunter la route à droite. A 150 m, pénétrer dans une sente au pignon d'un manoir, passer devant une maison et dans un champ. Couper la D 12, la longer sur 100 m à gauche. S'engager dans une impasse à droite, devant la première maison, obliquer à gauche. Poursuivre à droite le long d'un mur puis en bordure de champ.

❹ Par la route, à gauche, atteindre la Channais. Poursuivre, laisser le tertre au Monnier à droite et descendre à la Falaise. Dans le hameau, se faufiler entre deux maisons sur un sentier très pentu vers la Rance. Remonter à gauche. Tourner à droite, atteindre un carrefour. S'engager à droite dans un chemin creux puis à droite dans le bois. Atteindre Plumazon.
▶ Variante : à Plumazon, couper la route, grimper les escaliers en face et par le GR®, en suivant le rivage, accéder au club de voile.

❺ Emprunter la route à gauche sur 500 m, couper la voie d'accès à la Herdiais et retrouver un chemin, à 300 m tourner à droite. Au carrefour, se diriger vers la Moignerais. Traverser le hameau, puis en longeant la zone humide, arriver au bord de la Rance, au club de voile.

❻ Obliquer à gauche et franchir le pont sur la Rance. Sur la droite, longer la Rance *(port de plaisance et moulin de Plouër)*. Arriver à la cale. Monter à gauche par un chemin creux (*à gauche, fontaine*). Atteindre une route.

❼ Virer à gauche, couper une autre route et monter par un chemin. Laisser un sentier à droite, puis un autre à gauche et regagner Plouër. Par la rue de la Petite Poste, descendre au parking de départ.

 À voir

En chemin

■ points de vue sur le bourg et le château ■ habitat des villages traversés ■ ancien moulin et port de Plouër ■ fontaine « miraculeuse » ■ église de Plouër ■vieilles demeures dans le bourg.

Dans la région

■ Pleslin-Trigavou : le Champ des Roches, plantation d'une grande variété de chênes

Le Cap Fréhel : réserve ornithologique

L'importance de ses colonies d'oiseaux de mer contribue à la réputation du Cap Fréhel ; six kilomètres de côtes sont protégés depuis 1962 et les îlots de la Fauconnière et de l'Amas du Cap, classés en réserve de chasse marine, sont devenus des refuges pour les oiseaux de mer. Ils installent leurs nids rudimentaires dans de petites dépressions du sol ou sur les escarpements et les rives

Grès roses du Cap Fréhel.
Photo A.D.

rocheuses des îlots. L'intérêt de la réserve du cap, est lié à la présence de cinq espèces dont la nidification progresse.

La mouette tridactyle, visible de mars à septembre, pendant la période de reproduction, passe le reste de l'année en pleine mer ;

Le pétrel fulmar, espèce des mers boréales, vit en pleine mer et s'approche des côtes pour se reproduire (janvier à mars) ; il part dès le mois d'août ; il est ici à la limite sud de son aire de répartition ;

Le cormoran huppé s'installe sur le rocher au printemps, en hiver on peut le voir le long des côtes, à l'entrée des ports ou dans les estuaires ; il se nourrit de poissons qu'il pêche en plongeant, il fait ensuite sécher ses ailes ;

Le petit pingouin ou pingouin torda : huit à dix couples arrivent en mars-avril à la Fauconnière ; en août ils partent vers le large accompagnés de leur unique petit.

Une colonie de guillemots de Troïl, niche sur le rocher de la Fauconnière ; en mars-avril, deux-cent-cinquante couples environ arrivent, mais, dès le mois d'août, le rocher est déserté : les parents et le petit sont partis au large. En hiver, on peut les voir en troupe, pêchant en plongée à plusieurs milles des côtes, mêlés aux pingouins torda.

Landes de Fréhel. *Photo Y.B.*

La lande colorée des caps d'Erquy et de Fréhel

La lande du cap d'Erquy et du cap Fréhel forme un ensemble important où la flore est marquée par la faible pluviométrie et la douceur du climat ; le sol, peu abondant et acide sur le grès rose, favorise les formes naines, à moins que le sable coquillier marin ne vienne l'amender ; le sol plus profond et moins acide sur les filons de dolérite permet le développement d'une végétation plus abondante et plus haute.

En toutes saisons, les couleurs des fleurs ou des fruits agrémentent la promenade.

L'été, le jaune des fleurs de l'ajonc de Le Gall, très petit et très florifère, domine, de grands placages roses ou pourpres de bruyères variées le mettent en valeur.

Ces teintes vont persister en septembre, atténuées, par les filaments jaunâtres de la cuscute parasite et disparaître en octobre. L'automne, le scille automnal bleu occupe l'espace entre les touffes, les fruits rouges de l'églantier surprennent dans les endroits sableux. Dès la fin novembre, l'ajonc d'Europe va fleurir.

Ophrys abeille. *Photo N.V.*

Tout l'hiver, le jaune va dominer la lande haute qui se forme sur les roches plus tendres que le grès. Le prunellier, ici dans sa forme prostrée à cause du vent et des embruns, apportera une touche de blanc en février.

Le printemps est la saison qui révèle la grande diversité de la flore des caps : le géranium sanguin aux fleurs pourpres, le rosier pimprenelle rose ou blanc, le polygala bleu, l'orchidée rare des caps : l'ophrys abeille... sur sol sableux et toujours sur fond jaune dû aux ajoncs dont les floraisons se relaient.

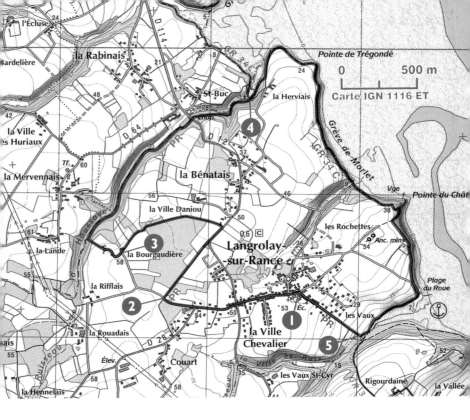

La Rance

La Rance est l'exemple parfait des rivières bretonnes avec un golfe étiré, ramifié et entaillé dans un plateau. Ce cours d'eau et tout le fond de la vallée sont soumis au jeu des marées. La Rance proprement dite est une petite rivière, mais la masse d'eau mise en mouvement dans l'estuaire par le va-et-vient de la marée en fait un site remarquable pour l'établissement d'une usine marémotrice. EDF a mené à bien cette construction en 1966, entre les points de la Brebis et de la Briontais. L'usine utilise des turbines qui travaillent alternativement dans les deux sens, suivant le mouvement des flots. Une digue de 750 m forme l'estuaire, constituant un bassin de retenue de 22 km². L'usine produit annuellement 500 millions de kilowattheures.

Grève de Morlet. *Photo M.-L. J.*

Tadorne de Belon.
Dessin P.R.

Les grèves de Langrolay — Fiche pratique 11

Moitié mer, moitié rivière, vous êtes sur les bords de l'estuaire de la Rance. L'origine du nom vient de l'ancien breton *lann*, qui signifie *ermitage*.

❶ Suivre la D 28 en direction de Pleslin. Traver-ser la D 12, continuer tout droit, puis prendre la première route à droite sur 200 m.

❷ S'engager à droite sur le chemin rural, poursuivre tout droit par la D 2 sur 250 m et emprunter, juste avant une propriété entourée de hauts murs, le chemin à gauche vers La Bourdaudière.

❸ Traverser le hameau à droite et descendre vers la vallée du ruisseau de la Houssaye. Le chemin boisé longe le vallon et mène à la D 12 (*à gauche, se trouve la chapelle Saint-Buc récemment restaurée*). Couper la route, descendre à gauche et s'engager à droite dans un chemin *(barrière)*.

❹ Gagner la pointe de Trégondé par le sentier boisé du littoral. Passer la pointe du Châtelet, continuer par le haut de la falaise jusqu' la plage du Roué et pour-suivre jusqu'au fond de l'estuaire.

❺ Monter par un sentier sur la droite. Il devient rue et ramène au point de départ.

Eglise de Langrolay. *Photo M.-L. J.*

2h30 · 7,5 Km

Situation Langrolay, à 12 km au Nord de Dinan par les N 176 et D 12

 Parking place de la Mairie

 Balisage
❶ à ❹ jaune
❹ à ❺ blanc-rouge
❺ à ❶ jaune

Ne pas oublier

À voir

 En chemin

■ chapelle Saint-Buc
■ grève de Morlet (oiseaux)
■ Langrolay : église Saint-Laurent, croix de la Ville-Daniou

Dans la région

■ Dinard : promenade du Clair-de-Lune, villa Eugénie (musée du site balnéaire), plages ■ Saint-Malo : ville close, musée, le grand Bé, le grand Aquarium ■ Dinan : remparts, château, musée, demeures 15e-19e, couvents, basilique, église

Le Petit Train des Côtes-du-Nord

De nombreux circuits empruntent des tronçons d'anciennes voies des chemins de fer des Côtes-du-Nord (ancienne appellation du département). Les premières lignes furent ouvertes en 1905. À cette époque, l'automobile était peu répandue (quatre-vingt-cinq véhicules pour le département). La construction fut confiée à l'ingénieur des Ponts et Chaussées, Harel de la Noë, né à Saint-Brieuc en 1852. À son apogée, la longueur du réseau ferré atteindra 452 km, l'un des plus importants de France. Les wagons étaient tractés par des locomotives à vapeur. La fermeture du réseau se

Pont Harel de La Noë. *Photo G.R.*

fera progressivement, à partir de 1936 pour s'achever le 31 décembre 1956 (ligne Saint-Brieuc-Paimpol). Certaines lignes auront vécu douze ans alors que d'autres furent utilisées durant cinquante ans.

Le Frémur à Pleslin-Trigavou

3 h
11 Km

Ici l'ancienne gare devient la halte des randonneurs et l'ancienne ligne, leur chemin de terre. L'histoire de la gare est liée à celle de la ligne ferroviaire Dinan-Dinard. La ligne ouverte en 1886 fut fermée en 1988.

Situation Pleslin-Trigavou, à 10 km au Nord de Dinan par la D 766

Parking
Gîte communal (ancienne gare)

Balisage
jaune

Chêne vert.
Dessin N.L.

❶ Prendre sur la gauche (Nord) l'ancienne ligne de chemin de fer sur 1,3 km.

❷ Emprunter la route à gauche en direction de Trébéfour. Dans le hameau, à la fourche, se diriger à gauche sur quelques mètres, puis aller à droite et traverser la D 766. Au calvaire, prendre un chemin qui débouche sur la route du golf, la suivre à gauche. Laisser le hameau de la Marchandais à droite et descendre à l'ouest vers la vallée du Frémur.

❸ Prendre la route à gauche sur 100 m. Juste avant le pont, s'engager à gauche sur le sentier qui longe le Frémur. En sortant du sous-bois, tourner à gauche, puis à droite en bordure du golf. Laisser La Gorandière à droite.

❹ Passer la Lyonnais, partir à droite, puis obliquer à gauche et retrouver le Frémur. Remonter son cours sur 800 m. Franchir le pont de bois, puis monter à droite vers La Pelleterie.

❺ Après le hameau, parcourir 150 m sur la route à gauche. Puis à gauche, continuer jusqu'à l'étang de la Motte Olivet. Au centre du village de la Rouexière, descendre à droite. Dans le bas de la côte, emprunter à gauche, la voie d'accès à la Ménardière.

❻ Monter à droite sur 30 m en direction du bourg. Couper la D 766 et poursuivre dans le bois (*à droite, la fontaine Yvon*). Au croisement, prendre à droite puis encore à droite pour retrouver le gîte d'étape de l'ancienne gare.

À voir

En chemin

■ vallée du Frémur
■ fontaine Yvon
■ église saint Pierre

Dans la région

■ Pleslin-Trigavou : le champ des Roches, la collection de chênes.
■ Dinan : remparts, musée, demeures 15e-19e siècles, couvents, basilique, église.

Pierres de légende

L a légende prétend que les fées portaient de lourdes pierres pour la construction du Mont Saint-Michel. Fatiguées, elles les abandonnèrent en ce lieu appelé le Champ des Roches ou Cimetière des Druides.

L'ensemble mégalithique date du néolithique. Il comporte soixante-cinq menhirs disposés en cinq rangs (cinquante-cinq d'entre eux sont renversés). Le plus haut s'élève à 3,50 m et la plus grande allée mesure 97 m. Ces mégalithes sont constitués de quartz blanc. La fonction originelle de cet ensemble reste obscure : lieu de culte ou nécropole ? Fort longtemps, les habitants vinrent rendre hommage aux rochers les jours de la Saint-Jean et de la Saint-Pierre. Des feux de joie terminaient ces célébrations.

Le Champ des Roches. *Photo G.R.*

Circuit des Mégalithes

Vous cheminerez à travers le champ des Roches où le cimetière des druides a inspiré de nombreuses légendes.

Situation Pleslin-Trigavou, à 10 km au Nord de Dinan par la D 766

 Parking
du cimetière

Balisage
jaune

① Du parking, prendre la direction du lavoir communal. Monter par la route vicinale à gauche jusqu'au Champ des Roches, *(voir, à côté, les soixante essences de chênes)*, continuer vers le Chêne Vert. Descendre par la route à droite sur 100 m, puis s'engager sur le chemin creux à gauche. Il mène au lavoir et à la fontaine Pinet.

② Tourner à gauche et traverser le hameau de la Herviais. Prendre la route à droite sur 30 m, puis partir à gauche pour rejoindre Bel-Air.

③ Couper la D 766, emprunter à gauche la voie verte *(ancienne ligne de chemin de fer)* sur 100 m, puis se diriger à droite sur 300 m et obliquer à gauche. Traverser la D 366 et la longer à gauche sur 250 m.

Fougère scolopendre.
Dessin N.L.

④ Emprunter à droite le sentier qui mène aux Landes de la Reine. Contourner l'hippodrome par la gauche et traverser la D 28. Continuer en face par la petite route sur 500 m.

⑤ Pénétrer à gauche dans le bois de Trébéfour. Tourner à droite, puis à gauche et déboucher sur la voie verte. La suivre à gauche jusqu'au gîte communal de la gare. Emprunter à droite la D 366 qui rejoint le bourg.

⑥ Prendre la direction de Trigavou en utilisant, le long de la D 28, le chemin protégé jusqu'à La Quinois. Face à la maison du Vannier, tourner à gauche et poursuivre jusqu'à la chapelle des Vaux *(tilleuls centenaires)*. Se diriger sur la droite vers la vallée et les ruines du Bois-Ménard.

⑦ Emprunter à gauche le chemin qui conduit à La Chantelouas. Dans le hameau, à la croix de pierre, prendre le sentier à droite. Franchir le Frémur, tourner à gauche, passer devant l'étang du Pélican et retrouver l'intersection de l'aller.

② Tourner à gauche et, par l'itinéraire suivi à l'aller, rejoindre le point de départ.

 **À voir**

En chemin
■ Champ des Roches
■ collection de chênes
■ vallée du Frémur
■ chapelle des Vaux
■ ancienne voie ferrée.

Dans la région
■ Dinan : remparts, château, musée, demeures 15e-19e, couvents, basilique, église
■ Léhon : abbaye Saint-Magloire

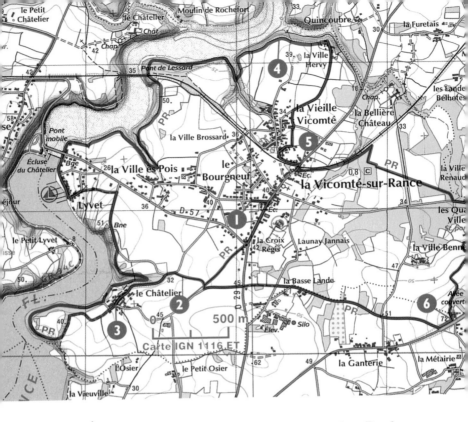

L'Éperon Barré et la boucle du Dolmen

Situé sur la commune de la Vicomté-sur-Rance, l'Éperon Barré du Châtelier est un promontoire de près de six hectares qui domine une courbe de la Rance par des falaises abruptes. Côté terre, il est coupé par un fossé rectiligne de 300 m de long, 15 m de large et 8 m de profondeur. Il s'agit d'un système de défense ou de refuge typiquement gaulois, sans doute édifié par la tribu des Coriosolites avant la conquête romaine. Le barrage et l'écluse du Châtelier s'insèrent dans le paysage et permettent le passage entre les deux rives.

L'Eperon barré. *Photo M.-L. J.*

Du dolmen à l'Eperon Barré

3 h 45
15 Km

Ce parcours vous fera découvrir le moulin du Prat, un des quinze moulins à marée des bords de Rance. Construit au 15e siècle, abandonné au début du 20e, il tombait en ruines. Aujourd'hui restauré, il accueille le passant et lui propose des animations.

Bouscarle de Cetti. *Dessin P.R.*

Situation La Vicomté-sur-Rance, à 8 km au Nord-Est de Dinan par la D 29

Parking
place de la Mairie

Balisage
jaune

Ne pas oublier

① De la mairie, rejoindre la D 29 et, par la droite gagner la Croix-Régis. S'engager, à droite, sur un chemin bordé de chênes.

② Tourner à droite en direction du Châtelier et gagner le centre du hameau.

③ Faire le tour de l'Eperon Barré et revenir au Châtelier. Le sentier, à gauche, domine la Rance puis descend au port du Lyvet. Partir à droite sur le sentier longeant la Rance, passer sous la D 57 et continuer le long de l'estuaire jusqu'au moulin du Prat.

④ Monter à droite. A la Ville-Hervy, poursuivre par la route à droite. A l'entrée de la Vieille-Vicomté, s'engager sur un chemin à gauche. Atteindre la D 29.

⑤ Franchir le passage à niveau et, 10 m plus loin, aller à gauche. Le chemin tourne à droite et mène au carrefour des Quatre Villes. Parcourir 200 m sur la route à droite et, par le chemin à droite, atteindre l'allée couverte et la N 2176.

⑥ Marcher 100 m au bord de la Nationale puis emprunter la route à droite. Aux croisements, continuer tout droit, couper la D 29 *(prudence)*. Parcourir 250 m et par la voie, à droite, retrouver l'intersection de l'aller.

② Par le chemin, à droite, puis la route regagner la place de la mairie.

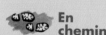
À voir

En chemin

■ Eperon Barré ■ port du Lyvet ■ moulin à marée du Prat ■ La Ville-Hervy : maison du meunier ■ allée couverte du bois du Rocher.

Dans la région

■ Saint-Malo : ville close, musée, le grand Bé, aquarium ■ Léhon : abbaye Saint-Magloire ■ Quévert : courtil des senteurs ■ Dinan : remparts, château, musée, demeures 15e-19e, couvents, basilique, église.

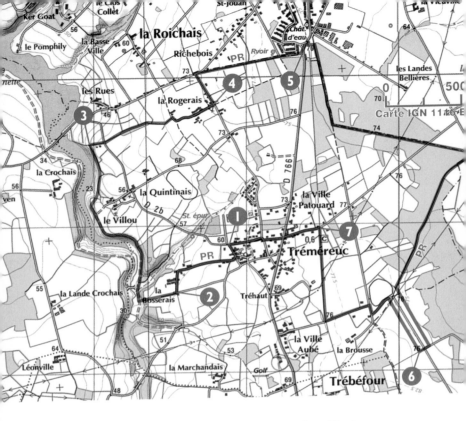

La vallée encaissée du Frémur

Ancienne paroisse du doyenné de Ploubalay et Poudouvre (Dinan), Trémereuc est une modeste agglomération sur la route de Dinan à Dinard. Son église a l'apparence d'un manoir ; on trouve trace, en 1663 de l'église de Sainte-Marie-de-Trémereuc, mais aujourd'hui elle est dédiée à Saint-Laurent. Elle a subi de nombreux remaniements et restaurations : la partie la plus ancienne, la longère nord (bâtiment bas) pourrait dater du 13e siècle. La longère sud fut reconstruite au 17e siècle et la tour au 19e siècle. Des objets de valeur ont disparu pendant la Révolution. On peut cependant admirer des anges adorateurs, une peinture du martyre de Saint-Laurent, des statues en bois polychrome et un maître-autel classés.

Eglise de Trémereuc. *Photo M.-L. J.*

40

La vallée du Frémur à Tréméreuc

3 h
9 Km

Entre Dinan et Dinard, villes animées et touristiques, Tréméreuc vous invite à goûter le calme de ses bois et de la vallée du Frémur.

Situation Trémereuc, à 13 km au Nord de Dinan par les N 176 et D 766

Parking
place de l'Eglise

❶ Prendre la route qui longe l'église sur 100 m, puis bifurquer à gauche vers La Bosserais. Passer le village, poursuivre sur 150 m et atteindre un carrefour.

Balisage
jaune

❷ Emprunter le chemin de terre à droite. A l'extrémité, traverser le champ à droite sur 100 m, puis suivre le chemin aménagé qui descend vers la vallée du Frémur. Franchir un ruisseau et longer la vallée à droite jusqu'au Villou. Continuer par le sentier bordé de piquets.

❸ Avant le pont du Frémur, tourner à droite. Emprunter le chemin qui borde le champ, puis dans le prolongement, le chemin qui vient de la route de Ploubalay. Continuer en face vers La Rogerais. Traverser le village jusqu'à la croix.

❹ Parcourir 300 m à gauche, puis passer au-dessus de la voie express Dinan-Dinard. Par un chemin à droite, gagner l'ancienne gare de Pleurtuit.

Ne pas oublier

❺ Emprunter le deuxième chemin à droite, menant dans le bois. Atteindre la nouvelle route Dinan-Dinard. Marcher le long de la route puis passer dessous par un tunnel.

❻ A la sortie du tunnel, la route à droite mène au village de la Brousse. Bifurquer à droite puis à gauche. Emprunter ensuite l'ancienne voie de chemin de fer à droite.

❼ Au croisement, s'engager dans la rue à gauche. Couper la D 766. Aller tout droit , puis à gauche. La rue de l'Enfer, à gauche, conduit au parking de l'église.

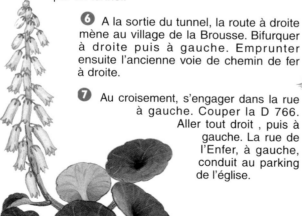

Ombilic de Vénus. *Dessin N.L.*

À voir

En chemin

■ Trémereuc : église Saint-Laurent ■ vallée du Frémur.

Dans la région

■ pointes de Saint-Cast et de la Garde ■ plages
■ Créhen : château du Guildo
■ Pleurtuit : château et jardins de Montmarin

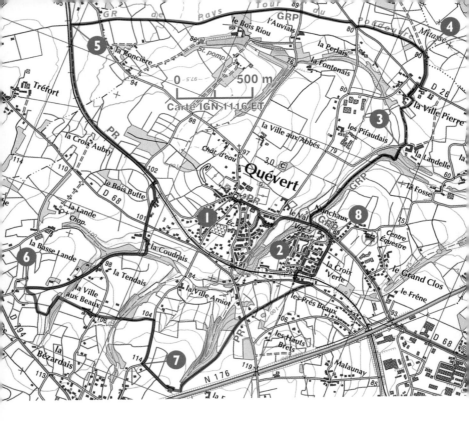

Autour de Quévert

Sur le chemin de l'Etrat, dans la roseraie, 550 variétés de roses parfumées présentent 4 000 plantes fleuries, de teintes variées, formant une voûte multicolore et odorante. Dans le courtil des senteurs, 3 000 plantes de 250 autres espèces exhalent toutes leur parfum subtil, et marient leurs couleurs chatoyantes : jasmins, lavandes, romarins, œillets, lis,

muguets, sauges, glycines et clématites...
Le chemin des parfums continuera de vous enivrer avec ses lilas, seringats...
Les fruits de la campagne : myrtilles, mûres, noisettes ainsi que les fruits des jardins : groseilles, cassis, cerises pourront flatter votre palais. Deux vergers conservatoires de pommiers pourront vous mettre l'eau à la bouche.

Le courtil des Senteurs.
Photo M.-L. J.

Le chemin de l'Etrat

3 h • **10 Km**

Le chemin de l'Etrat, voie gallo-romaine datant du 1er siècle, reliait Corseul, capitale des Coriosolites, à Vannes, capitale des Vénètes. La Rance se franchissait alors à gué.

Situation Quévert, à 3 km à l'Ouest de Dinan par la D 68

 Parking place de la Mairie

❶ Se diriger vers Dinan par la D 68 puis par la petite route à gauche, en bas de la descente.

Balisage

❶ à ❷	jaune
❷ à ❺	jaune-rouge
❺ à ❽	jaune
❽ à ❷	jaune-rouge

❷ Prendre le chemin qui laisse le ruisseau de l'Argentel sur la gauche et longer le vallon sur 1 km. Franchir l'Argentel sur un pont de bois, laisser l'étang à gauche et couper la route qui mène à La Landelle.

❸ Longer le champ en face, atteindre le chemin creux qui mène au village de La Ville-Pierre. Couper la D 26, puis suivre le chemin de Mitasse.

❹ Emprunter à gauche le chemin de l'Etrat, parcourir quelques mètres à droite sur la route. Repartir à gauche et arriver à la voie ferrée.

❺ Prendre le chemin à gauche en direction du bourg de Quévert, puis continuer par la route jusqu'à la maisonnette SNCF. Traverser la voie ferrée et bifurquer à gauche, couper la D 68 et poursuivre tout droit vers La Coudrais, La Tendais et Garel.

❻ A Garel, quitter la route à hauteur d'un étang, partir à gauche et arriver près de deux autres étangs. Passer entre ceux-ci pour rejoindre La Ville-aux-Beaux. A la sortie du hameau, continuer sur 300 m et prendre la route à droite sur 250 m.

À voir

❼ S'engager à gauche sur le chemin de La Métairie-de-Loute. Passer derrière les maisons pour prendre le chemin des Pierres. Au bout, traverser la côte des Brêts et continuer en face par le chemin Parfumé. A l'extrémité, emprunter à gauche sur 100 m la D 68 pour atteindre le pont ferroviaire. Le franchir et arriver à la résidence de la Croix-Verte. Longer la voie ferrée à droite et utiliser à gauche le chemin des Roses qui borde la résidence. Il débouche sur la D 68.

En chemin

■ chemin de l'Etrat ■ chemin des Roches ■ chemin des parfums ■ courtil des senteurs (collection de plantes parfumées).

❽ La suivre à gauche et retrouver le parcours de l'aller.

❷ Utiliser le trottoir de gauche de la D 68 pour retrouver la mairie.

Dans la région

■ Saint-Jacut-de-la-Mer : pointe du Chevet, plages, bourg ■ Dinan : remparts, château, musée, demeures 15e-19e, couvents, basilique, église ■ Léhon : abbaye Saint-Magloire.

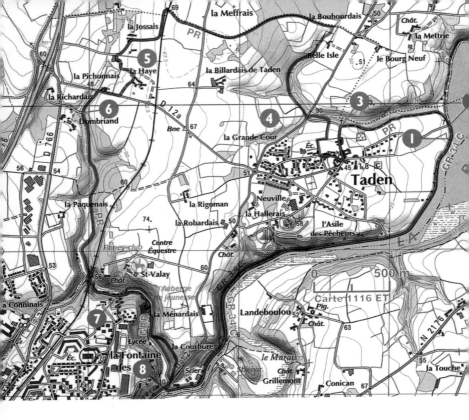

Balade autour de Taden

Les premières traces d'habitat sur le site remontent à la préhistoire (âge de bronze). A l'époque gallo-romaine, la mer remonte jusqu'à Taden, permettant la navigation et l'échouage des navires sur la grève. Taden, carrefour de voies fluviales et terrestres, connaît un essor important (des photos aériennes ont révélé la présence de deux temples en bord de Rance) et devient le port de la cité corioso-lite de Fanum Martis (Corseul). À l'époque féodale, un bourg s'installe. Au 19e siècle, Taden est très prisé par la bourgeoisie locale et les touristes anglais.

Manoir de la Grand'Cour (14e)
au bourg de Taden.
Photo M.-L. J.

Balade autour de Taden

3 h
11 Km

En suivant les pas des Coriosolites, découvrez de profonds vallons boisés et un vieux bourg où les constructions des 14e au 17e siècles sont remarquablement mises en valeur.

Situation Taden, à 3 km au Nord de Dinan par la D 12

Parking cale (bord de Rance)

❶ A partir de la zone de stationnement aménagée, suivre le chemin de halage, direction Nord, sur 200 m.

❷ A gauche, par le sentier des Vaux, monter en sous-bois jusqu'à la croix de mission de 1950.

❸ Emprunter la route à gauche et atteindre le bourg de Taden. Contourner l'église par la rue Guérault. Après 200 m, s'engager à gauche sur le chemin des Lavandières jusqu'aux anciens lavoirs *(construits sur les ruines d'un moulin à eau)*.

❹ Couper *(prudence)* la D 12 et prendre en face, le sentier du Vieil-Etang. Au sortir de la vallée, longer une prairie et arriver à un chemin creux *(datant de l'époque gallo-romaine)*. Le suivre à gauche et déboucher sur une route. La petite route, en face, permet de franchir la voie ferrée et de parvenir au lieu-dit la Jossais.

❺ Avant les dernières maisons, s'engager, à gauche, sur un chemin rural qui conduit à la D 12a. Parcourir 100 m le long de cette voie *(prudence)* et bifurquer à gauche vers la vallée de Dombriand.

❻ Le sentier en sous-bois longe le ruisseau de l'Argentel et serpente le long du coteau jusqu'au viaduc de la Fontaine-des-Eaux. Suivre le sentier qui descend à flanc de coteau, franchir le ruisseau sur une passerelle sous le viaduc. Sur la route, s'engager à gauche dans la vallée de la Fontaine-des-Eaux.

❼ Laisser un chemin qui grimpe à droite, continuer par la route *(remarquer le moulin à eau de Suzain)*. Par le sentier à droite, gagner le moulin du Méen *(transformé depuis 1966 en Auberge de Jeunesse)*. Marcher 100 m sur la route et monter à gauche dans le bois par le sentier de Saint-Valay. Rejoindre la Rance au lieu-dit Baudoin.

❽ Par le chemin de halage, à gauche, longer la Rance jusqu'à la cale de Taden.

Balisage
❶ à ❷ blanc-rouge
❷ à ❼ bleu
❼ à ❽ jaune-rouge
❽ à ❶ blanc-rouge

Ne pas oublier

À voir

En chemin

■ Taden : église, anciens lavoirs, manoir de la Grand-Cour ■ vallée de la Fontaine-des-Eaux-Minérales ■ avifaune de la plaine de Taden ■ bord de la Rance ■ maison d'artistes de La Grande-Vigne.

Dans la région

■ Léhon : abbaye Saint-Magloire ■ Pleslin : champ des Roches ■ Dinan : remparts, château, musée, demeures 15e-19e, couvents, basilique, église.

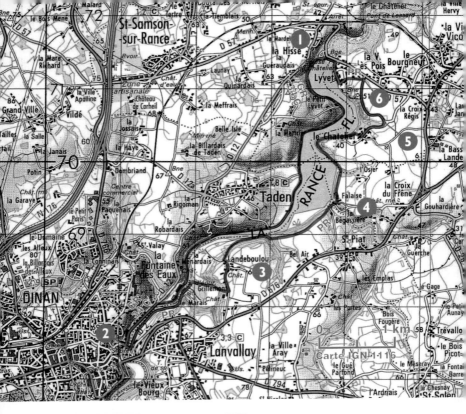

La Rance tranquille

Dinan, le port.
Photo Y.B

P endant des siècles, la Rance, petit fleuve de 100 km de long vivait au rythme des marées, permettant aux bateaux de remonter son cours. Vers 1830, la construction de l'écluse du Châtelier, premier ouvrage important réalisé sur la Rance, fit du port du Lyvet un centre d'activités commerciales important. Aujourd'hui, Lyvet est devenu un port de plaisance très animé. À marée haute, vous pourrez observer, au passage des bateaux, le jeu original de l'ouverture du pont tournant et des portes de l'écluse.

De la Rance romaine à la Rance médiévale

3 h 30
14 Km

Cette promenade permet d'observer les deux rives de la Rance et la transformation de la rivière en estuaire.

❶ Du parking, emprunter le chemin de halage sur 7 km jusqu'au port de Dinan.

❷ Au port, passer le vieux pont et tourner à gauche. Longer la Rance, laisser la station d'épuration sur la droite et continuer tout droit. Dans la zone marécageuse, suivre le bord gauche du champ (*c'est l'ancien lit de la rivière*), franchir la passerelle en bois et gravir les marches qui mènent à la route. La prendre à gauche pour traverser le hameau de Landeboulou. A l'intersection, descendre par la route à gauche.

❸ S'engager sur le sentier à droite. Il permet de retrouver les berges de la Rance. Franchir le pont de bois, longer les méandres dans la zone humide et gravir les marches. En haut, avancer tout droit sur le sentier, ne pas descendre, mais poursuivre en léger contrebas avant de descendre le long du champ. En bas, traverser la zone boisée, déboucher sur la route du lieu-dit Chantoiseau, la prendre à gauche et passer le ruisseau Sainte-Geneviève.

❹ Après la maison, tourner à gauche et descendre au bord de la Rance. A droite, escalader le rocher et grimper par le sentier abrupt sur 15 m. Virer à gauche et poursuivre en surplombant la Rance. Franchir le ruisseau du Val-Orieux et continuer par le sentier qui mène sur l'Eperon Barré avant de gagner le hameau du Châtelier. Remonter pour emprunter la route traversant le village. Passer l'unique carrefour.

❺ Descendre à gauche, puis suivre à droite un chemin dallé. Continuer par le sentier qui franchit le vallon et déboucher sur une route. La prendre à gauche jusqu'en vue de la D 57.

❻ 20 m avant le carrefour, descendre à gauche par le sentier encaissé. Passer le monument et continuer à descendre par la route. Par le bas-côté de la route, franchir l'estuaire et arriver au parking.

Situation : Ecluse du Châtelier, puis port du Lyvet, à 6 km au Nord-Est de Dinan par les D 766, 12a, 12. A 4 km au Nord-est de la N 176 sortie Taden

Parking
petit pont

Balisage
❶ à ❷ blanc-rouge
❷ à ❶ jaune

Ne pas oublier

À voir

En chemin

■ maison de la Rance
■ Landeboulou : pigeonnier
■ La Grande-Vigne : maison d'artiste ■ panoramas sur la Rance ■ Eperon Barré
■ port du Lyvet ■ écluse du Châtelier.

Dans la région

■ Léhon : abbaye Saint-Magloire ■ Taden : manoir de la Grand-Cour, église
■ Dinan : remparts, château, musée, demeures 15e-19e, couvents, basilique, église.

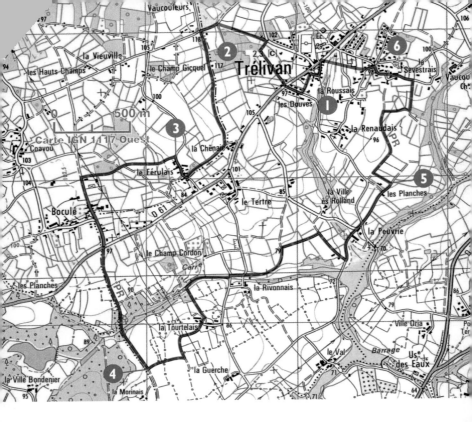

Le domaine de Vaucouleurs

À ce domaine, dès 1248, sont rattachés un étang, un colombier, un lieu de haute justice et des prééminences dans plusieurs églises. En 1410, le château est la propriété de Guillaume de Guitté et, en 1427, le duc Jean V y convoque le ban et l'arrière-ban de Bretagne, afin de s'opposer aux Anglais. Reconstruit au 16e siècle, le château est alors habité par Guy de Guitté et son épouse. Celle-ci, battue par son mari, s'enfuit et rejoint Briand de Chateaubriand qui provoque Guy de Guitté en duel et le tue. Après avoir épousé son amoureuse, Briand de Chateaubriand sera arrêté et décapité.
Plus récemment, les troupes allemandes occupèrent le château fort et décoiffèrent la tourelle d'escalier pour en faire une tour de guet.

Château de Vaucouleurs.
Photo M.-L. J.

Circuit du Bigault

2h30
10 Km

Situation Trélivan, à 7 km à l'Ouest de Dinan par les N 176 et D 61

Parking place de l'Eglise

Balisage bleu

Vous êtes aux portes de Dinan. Trélivan vous accueille pour une randonnée en toute tranquillité.

❶ Partir au Sud de l'église sur une voie piétonne, prendre la route à droite, traverser la D 61 et continuer par le chemin en face. A l'extrémité, ne pas emprunter la route, mais entrer à gauche dans le bois de Noé, puis le contourner par la gauche.

Spirée (reine des prés). *Dessin N.L.*

❷ A la sortie du bois, suivre le chemin à gauche et arriver à un croisement. Prendre le chemin à gauche sur 400 m. A la ferme de la Chênaie, descendre à droite par le chemin creux jusqu'au village du Férulais. Le traverser à droite jusqu'à la croix.

❸ Se diriger à gauche sur 400 m, puis prendre la route communale qui traverse le hameau de Boculé. Couper la D 61 et continuer tout droit par le sentier menant au pont de Bigault. Poursuivre vers La Morinais.

❹ Avant la ferme, tourner vers la gauche. Après un virage à gauche puis à droite, atteindre La Tourtelais. Descendre à gauche vers le ruisseau de la Rivonnais et le longer à droite pour atteindre l'étang du Val. Prendre la route à gauche, traverser La Peuvrie et remonter aux Planches.

❺ Partir à gauche puis à droite pour atteindre La Sevestrais. Emprunter la route à gauche sur 100 m, se faufiler à droite sur le sentier entre deux habitations, tourner à gauche, puis retrouver la route. La suivre encore sur 100 m.

❻ Au carrefour, prendre la route à gauche, puis descendre à droite, franchir le vallon et rejoindre le point de départ.

À voir

En chemin

■ Trélivan : place et église Saint-Magloire, vieilles maisons ■ ruisseau de la Rivonnais ■ étang du Val.

Dans la région

■ Plédéliac : château de la Hunaudaye, ferme d'Antan, écomusée à Saint-Esprit-des-Bois ■ Corseul : cité gallo-romaine, musée, temple de Mars ■ Taden : manoir de la Grand-Cour, église, bords de Rance.

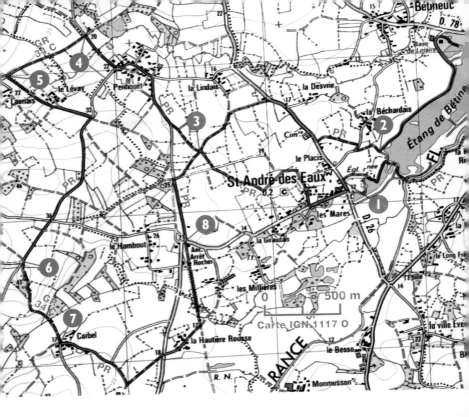

Saint-André-des-Eaux

Sur la voie romaine entre Corseul et Rennes, Saint-André fut érigé en paroisse au 12e siècle. En 1624, la localité prit le nom de « Saint-André-des-Eaux ». Depuis, la pertinence de ce qualificatif n'a cessé de se justifier. Les ruines de l'église romane du 11e siècle sont juchées sur une surélévation du sol et, malgré cette position, le sanctuaire a été abandonné, car souvent entouré d'eau, il devenait impossible d'y célébrer les offices. En 1896, l'église actuelle l'a remplacé.

Le chemin d'accès à l'ancienne église est balisé sur un talus qui émerge des marécages, il conduit aussi à l'étang de Bétineuc. Ce plan d'eau, jouxtant les ruines, a été aménagé en 1985 après l'extraction de sable dans une ancienne prairie humide. Il abrite une flore aquatique très riche attirant une faune abondante dont une grande variété de canards.

Vieille église romane de Saint-André.
Photo M.-L. J.

Autour de Saint-André-des-Eaux

3 h
10 Km

Découvrez le plan d'eau de Bétineuc et les vestiges d'un patrimoine que les crues de la Rance ont parfois malmené.

Rainette. *Dessin P.R.*

Situation Saint-André-des-Eaux, à 15 km au Sud de Dinan par les D 12 et D 26

Parking dit « du café », au bord de la D 26

Balisage
1 à 4 jaune
4 à 5 blanc-rouge
5 à 6 jaune
6 à 7 blanc-rouge
7 à 8 jaune

Ne pas oublier

**① ** Par le chemin à droite gagner l'ancienne église. Continuer et franchir la passerelle à droite pour rejoindre l'étang. A gauche, longer la Rance sur 1 km. Emprunter la passerelle, contourner le marais à gauche. A la sortie du bois, face à l'étang, passer à droite du terrain de volley, puis entre le mini-golf et l'étang. Aller, à gauche, vers la maison d'accueil en bois et, tout droit, sur 1 km le long de l'étang.

**② ** Au parking du bord de l'étang, partir à droite. A 150 m, emprunter, à droite, le chemin bordé de chênes, couper une route. Sur la D 26, passer devant le cimetière et, à 300 m, bifurquer à gauche sur un chemin dans un bosquet.

**③ ** Au croisement, tourner à droite et, par la route, arriver à Penhouët. Traverser le village, continuer tout droit.

**④ ** Emprunter le GR® 34 C, à gauche sur 700 m.

**⑤ ** A gauche, s'engager sur l'ancienne voie ferrée. Au deuxième croisement, une petite route à droite permet de retrouver le GR® 34 C.

**⑥ ** Le chemin, à gauche, conduit au hameau de Carbel.

**⑦ ** A l'entrée du village, s'engager à gauche sur la route puis un chemin de terre en face qui, à 200 m, tourne à gauche. Couper la D 64 et gagner la Hautière Rousse. A gauche, retrouver l'ancienne voie ferrée.

**⑧ ** A « la gare », poursuivre tout droit, sur la route. Au croisement, parcourir 50 m à droite, puis prendre le chemin, à gauche, près des conifères. A la croisée de chemins, virer à droite pour regagner le bourg et le parking.

À voir

En chemin

■ ruines de l'ancienne église romane ■ étang ■ avifaune et base de loisirs de Bétineuc ■ Penhouët : enseigne d'une ancienne auberge ■ église de 1896 ■ statues et bras-reliquaire ■ les Hautes Mares : ancien presbytère.

Dans la région

■ Léhon bourg ■ Saint-Magloire : abbaye ■ Dinan : remparts, château, musée, demeures 15e-19e siècles, couvents, basilique Saint-Sauveur.

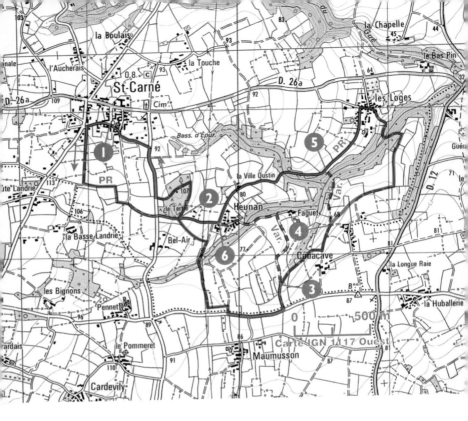

Vieilles demeures à Saint-Carné

À Saint-Carné, l'importance des anciennes habitations, serrées autour de l'église, est étonnante. Les gneiss et schistes du sous-sol, utilisés pour édifier les murs, ont pris une teinte rouille, tandis que le granit des parements a gardé sa couleur grise d'origine. Les maisons des hameaux, les manoirs, sont aussi imposants et présentent le même

Eglise de Saint-Carné.
Photo M.-L. J.

contraste.

Le bois du Tertre, sur sol granitique, domine la campagne. Autour de lui, s'étendent de riches cultures agrémentées de profondes vallées boisées.

Les noms de hameaux sont évocateurs : ainsi le Faguet est entouré de hêtres (*fagus* = hêtre en latin) ; les Loges, ancien village de carriers, présente encore plusieurs petites demeures (*loch* = cabane en breton) construites en gneiss ou schistes extraits des carrières voisines.

Au cœur des vallées et villages

En choisissant votre parcours, vous découvrez toute la beauté des villages anciens avec leur histoire et leurs légendes.

① Monter par la rue de l'Eglise et, avant le rond-point, prendre à gauche le chemin empierré du Pré-Bourget. Virer à gauche, à droite, encore à gauche, puis continuer par le chemin à droite. Couper la route de Trévron, emprunter la route en face et atteindre un croisement.

▶ Variante (*circuit de 2,5 km*) : prendre le chemin du Tertre à gauche et utiliser la fin du descriptif pour revenir à Saint-Carné.

② Ne pas continuer en face mais utiliser à droite le passage en bordure puis au milieu du champ. Franchir à droite le vallon et, après une mare, tourner à gauche et monter jusqu'à la route. La suivre à gauche sur 600 m, prendre à gauche le chemin entre les cultures et arriver à un embranchement.

▶ Variante (*circuit de 5 km*) : emprunter à gauche le chemin empierré vers Heunan et traverser le village pour atteindre le repère **⑥** .

③ Continuer à droite vers Couacave, puis prendre le chemin à gauche et gagner une nouvelle bifurcation.

▶ Variante (*circuit de 6 km*) : descendre à gauche par le chemin de la Jannet-aux-Loges ; en sous-bois, il enjambe un ruisseau puis débouche sur une route (*repère* **⑤**).

④ Se diriger à droite et, avant les bâtiments d'élevage, tourner à gauche et continuer par un chemin d'exploitation. Virer à gauche sur le sentier qui descend dans les champs en sous-bois. Dans le vallon, monter à gauche vers les Loges (*demeures rénovées*). Dans le village, laisser la route à droite, puis emprunter la route à gauche.

⑤ Continuer tout droit par la route. Passer La Ville-Oustin et atteindre Heunan.

⑥ Dans le hameau, prendre la route à droite et retrouver le premier croisement.

② Prendre à droite le chemin du Tertre sous les chênes et rejoindre un carrefour de sentiers. Tourner deux fois à gauche pour arriver sur la route de Trévron. La suivre à droite sur 300 m, puis partir à gauche et regagner le bourg.

2h40
8 Km

Situation : Saint-Carné, à 5 km au Sud de Dinan par les D 12 et D 26a

 Parking place de l'Eglise

Balisage jaune

 À voir

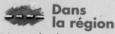 **En chemin**

■ Heunan : maisons anciennes ■ Les Loges : maisons anciennes ■ Saint-Carné : église Saint-Pierre.

Dans la région

■ Jugon : hôtels Sevoy et de la Tête Noire, église Notre-Dame et calvaire, maison de la Pêche ■ Saint-André-des-Eaux : ancienne église Saint-André ■ Le Quiou : château du Hac ■ Evran : château de Beaumanoir ■ Saint-Juvat : maisons anciennes.

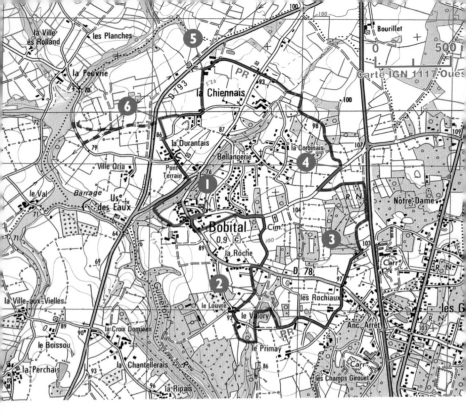

Sentier terre de roche

Fontaine sur la place des Granitiers. *Photo M.-L. J.*

« A Bobital, de la terre il ne pousse que des roches ». Pourtant il y a trente ans, il existait vingt fermes sur la commune. La terre n'était pas riche à « Bobita » et le mari tout en étant fermier, travaillait comme picotou dans les carrières (celles-ci employaient jusqu'à quatre cents ouvriers). Sa femme menait la ferme en s'occupant de quelques bêtes, vaches, cochons, chèvres. Rien n'était perdu : on promenait les vaches le long des chemins et autour des récoltes sur les talus, pour pâturer. Cette pratique s'appelait « afforier » les vaches. Cette vie d'hier, rude, organisée autour de la terre et de la pierre montre bien le caractère rural de la commune.

Terre de Roche

2h40 • 8 Km

Au bout du chemin, la ferme du Bois-Rault, petit manoir fortifié du 14e siècle.

Lézard des murailles.
Dessin P.R.

Situation Bobital, à 6 km au Sud-Ouest de Dinan par les N 176, D 793 et D 78

Parking
place de l'Eglise

Balisage
jaune

❶ Gagner l'abri-bus, emprunter la rue du lavoir et prendre le sentier à gauche après le lavoir. Continuer vers le cimetière. 50 m avant, tourner à droite, puis suivre la D 78 à droite sur 100 m et s'engager dans la voie à gauche.

❷ Après les sapins, se diriger à droite vers le village du Louvre. Prendre à gauche sur 50 m puis à droite pour contourner la ferme. En retrouvant la route, descendre à gauche. En bas de la côte, tourner à droite. Le sentier longe un monticule de blocs de granit. Rejoindre la route qui conduit au village des Rochiaux. Traverser la D 78 et continuer tout droit sur 200 m.

❸ S'engager sur le chemin à gauche. Juste avant l'intersection avec la route de Caulnes, suivre à gauche le chemin parallèle à cette route, puis prendre le chemin creux à gauche. Continuer tout droit jusqu'à l'aire de pique-nique et emprunter la D 78 à droite sur 200 m.

❹ Partir à gauche et longer à gauche sur 100 m le bord du ruisseau avant de remonter par le chemin jusqu'à la route de Broons. La couper, continuer tout droit vers le hameau de La Poissonnais et le traverser à gauche.

❺ A la sortie du hameau, obliquer sur la gauche. Au carrefour, prendre la route à droite et, après la maison en ruines, s'engager sur le sentier de droite. Il conduit au tunnel.

▶ Boucle de l'étang du Val : utiliser le tunnel sous la D 793 et continuer en direction de l'étang du Val pour en faire le tour (*1 km aller-retour*).

❻ Ne pas franchir le tunnel, mais continuer vers le village de La Durantais et descendre la côte. En bas, longer la route à droite vers l'usine des eaux, puis tourner à gauche pour remonter vers le bourg en passant devant la ferme du Bois-Raut.

À voir

En chemin

■ Bobital : mairie-école
■ barrage et étang du Val
■ ferme fortifiée du Bois-Raut.

Dans la région

■ Dinan : remparts, château, musée, demeures 15e-19e, couvents, basilique, église
■ Léhon : abbaye Saint-Magloire ■ Corseul : temple de Mars, ville gallo-romaine.

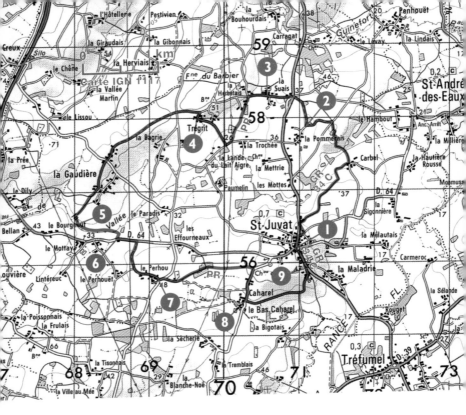

L'habitat de Saint-Juvat

Saint-Juvat possède un patrimoine témoin d'un riche passé historique. Au 17e siècle les constructeurs d'imposantes bâtisses ont utilisé la roche calcaire locale, le falun facile à travailler ; on peut voir des fenêtres et lucarnes décorées à la Maladrie, la Pommerais, une enseigne d'avocat à la Hautière Rousse… Les parements en granit des manoirs de La Mettrie et de Caragat, de l'église laissent deviner une plus grande aisance : le granit venait des carrières du Hinglé nécessitant transport, taille et sculpture difficiles. Quelques constructions en torchis subsistent, cet habitat économique était le plus répandu pour le « menu peuple » jusqu'au début du 20e siècle.

La maison du Prêtre (17e s.) à la Pommerais
Photo A. D.

Pierres sculptées et fleuries

3 h 30
13 Km

Tout au long de ce circuit, vous découvrirez les villages aux maisons de caractère, en pierres calcaires et en pisé, avec leurs gerbières, corniches à modillons, frontons sculptés et enseignes.

Situation Saint-Juvat, à 12 km au Sud de Dinan par la D 12

Parking place de l'Eglise

1 Emprunter la D 12 vers Dinan. A la sortie du bourg, à droite, un chemin de terre conduit à Carbel. A l'entrée du hameau, s'engager à gauche sur le chemin de terre qui franchit le ruisseau de la vallée. Remonter le coteau, longer un petit bois et déboucher sur la route. La traverser, suivre le chemin à gauche et atteindre une intersection.

Balisage
1 à **3** blanc-rouge
3 à **9** jaune
9 à **1** blanc-rouge

▶ Possibilité de se rendre à gauche à La Pommerais situé à 200 m (*habitat caractéristique*).

2 Se diriger à droite et gagner une aire de repos. Traverser la D 12 et poursuivre vers La Suais.

Ne pas oublier

3 Laisser le chemin à droite et continuer par la route jusqu'à La Herbedais. Tourner à gauche, traverser le village de La Rionay et poursuivre sur 500 m. Emprunter la route à droite sur 100 m, puis la route de nouveau à droite vers Trégrit.

4 Dans le village, prendre la route à droite, puis tourner à gauche. Couper une autre route. Poursuivre par le chemin en face, atteindre la Chênaie. Une petite route traverse le hameau, croise une autre route et arrive à la Gaudière. Par un chemin de terre, en face, descendre dans un vallon, franchir le pont sur le ruisseau.

À voir

5 S'engager, à gauche, sur un sentier en bordure de champ, atteindre la D 64.

En chemin

6 Parcourir 250 m, à droite, le long de la départementale. Bifurquer à droite dans un chemin qui mène au Perhou .

■ La Pommerais : la Herbedais, puits Bruyère, Trégrit, la Gaudière,
■ Le Mottay : constructions de caractère en pierre de jauge (falun), à parement de granit.
■ Au bourg : belles maisons, église et calvaire.

7 Après les dernières maisons du hameau, couper la route et continuer sur un chemin empierré en face. A 200 m, il oblique à gauche puis vire à droite à 500 m. Au carrefour, une route à droite conduit au Bas-Caharel.

8 Emprunter la route à gauche, laisser une route à droite et gagner la Hautière.

Dans la région

9 A gauche, par la D 12, rejoindre le bourg et le parking.

■ Dinan : remparts, château, musée, demeures 15e-19e, couvents, basilique, église
■ Léhon : abbaye Saint-Magloire.

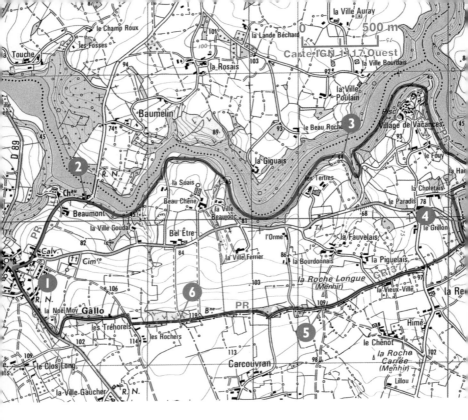

De Guitté au barrage de Rophémel

Construit sur la Rance entre Plouasne et Guenroc, le barrage a été mis en eau en 1937. Prévu pour alimenter partiellement en eau la ville de Rennes, cet ouvrage est aussi une usine hydroélectrique d'une puissance de cinq mégawatts. Appelé Rochemel au Moyen Age, le site était alors une terre noble où coulait la Rance le long des coteaux de Guenroc. Aujourd'hui, ces coteaux surplombent la retenue pour aboutir ensuite au sentier des mégalithes. Le château de Beaumont que vous apercevrez dès votre départ de Guitté date du 16e siècle. Propriété privée, il ne peut être visité, mais son portail du 15e siècle mérite un arrêt.

Rives boisées au barrage de Rophémel.
Photo G. R.

La retenue de Rophémel

Partez pour une balade en sous-bois le long de la retenue de Rophémel et découvrez le sentier des Mégalithes.

Bergeronnette grise. *Dessin P.R.*

3 h
9 Km

Situation Guitté, à 25 km au Sud de Dinan par les N 176, D 766, D 39 et D 89

Parking
place de la Mairie

Balisage
1 à 4 jaune
4 à 5 blanc-rouge
5 à 1 jaune

Difficulté particulière

■ zone de chasse entre 2 et 4 (se renseigner à la mairie)

① Emprunter la route en direction de Plouasne. Au calvaire, à la sortie du bourg, prendre la route à gauche vers Guenroc sur 400 m et atteindre le pont de Beaumont.

② Ne pas franchir, mais entrer sur l'aire aménagée à droite. Descendre quelques marches en bois à droite et continuer par le sentier qui longe la retenue d'eau.

③ La laisser sur la gauche et remonter entre deux prairies bordées de chênes. Emprunter la route à gauche sur 200 m au lieu-dit La Suais pour retrouver la Rance et poursuivre par le chemin qui borde la retenue d'eau jusqu'au village de vacances. Le contourner pour continuer par le sentier qui traverse des champs puis des prairies avant de s'enfoncer dans un bois. Au lieu-dit La Hannelais, prendre la route à droite sur 300 m, puis longer une prairie pour rejoindre l'étang de Néal et continuer jusqu'à la D 25.

④ La traverser. Suivre le GR® 37 et continuer par la route en direction du circuit mégalithique sur 400 m (*sur la gauche, au milieu des prairies, alignement mégalithique, puis tout seul dans un champ, menhir de la Roche Longue*). Atteindre l'intersection du GR® 37 et du GR® de Pays.

⑤ Poursuivre par la route, puis s'engager à droite sur le sentier, recouvert au début par une voûte boisée. Traverser ensuite des prairies.

⑥ Continuer tout droit et suivre une grande allée ombragée. Au lieu-dit Les Rochers, prendre la route à droite sur 300 m, puis emprunter la D 89 pour descendre à Guitté.

À voir

En chemin

■ château de Beaumont
■ circuit mégalithique.

Dans la région

■ Saint-Igneuc : manoir de la Jarretière ■ Jugon : hôtels Sevoy et de la Tête Noire, église Notre-Dame et calvaire, maison de la Pêche, étang ■ Guenroc : barrage de Rophémel, le Roc Blanc, église Saint-Gervais-et-Saint-Protais.

L'église de Guenroc

S ur le portail de cet édifice, on trouve une inscription gravée en caractères gothiques. Sur une longue ligne, se succèdent la date de 1465 ainsi que les noms de Jésus et Marie. La dédicace de l'église la fait remonter aux premiers siècles de la chrétienté. En 386, Ambroise, évêque de Milan, vient d'achever la construction d'une église où il désire être enterré avec sa famille. Il cherche les reliques d'un martyr pour placer l'édifice sous son patronage. Le 17 juin, il découvre les corps de Gervais et Protais et les place dans sa basilique. Le culte des deux martyrs se répand alors rapidement, mais leur vie reste inconnue.

Portail de l'église de Guenroc.
Photo G. R.

Au fil de l'eau

3 h
9 Km

Situation Guenroc, à 23 km au Sud de Dinan par les N 176, D 766 et D 39

P **Parking** place de l'Eglise

 Balisage jaune

D'énormes blocs de quartz en haut du village ont donné leur nom à Guenroc. En breton, *gwen* veut dire *blanc* et *roc'h* désigne le mot *rocher*. Ne manquez pas le point de vue sur le bourg.

Lierre.
Dessin N.L.

① Emprunter la route qui mène à Guitté et passer devant la croix des Défas (*limite entre l'évêché de Dol-de-Bretagne et celui de Saint-Malo*).

La légende dit qu'à minuit sonnant, des moines rouges apparaissent à la croix des Défas, ainsi que dans le bois, qui porte aussi le nom de bois des Défas. La tradition populaire veut que les moines rouges soient des chevaliers de l'ordre de Saint-Jean-de-Jérusalem, qui portaient un vêtement blanc timbré d'une croix pattée, rouge sur l'épaule gauche. Une hypothèse affirme qu'il s'agit de phénomène de feux follets, nés des émanations de gaz dégagé par la fosse commune. La croix aurait alors été appelée croix d'Feints par les passants, les feints désignant en breton les farfadets, lutins, korrigans et autres gnomes du folklore.

Continuer jusqu'en vue du pont de Beaumont.

② Ne pas le franchir, mais tourner à gauche et prendre le sentier qui longe la retenue d'eau jusqu'au barrage de Rophémel.

③ Au niveau du barrage, emprunter la route à gauche et regagner Guenroc.

À voir

Le rocher blanc de Guenroc. *Photo G. R.*

 **En chemin**

■ croix des Défas
■ La Giguais : manoir 15e
■ aire de pique-nique
■ Guenroc : église, ancien presbytère, souche de cheminée sculptée.

Dans la région

■ Dinan : remparts, château, musée, demeures 15e-19e, couvents, basilique, église
■ Yvignac : église romane.

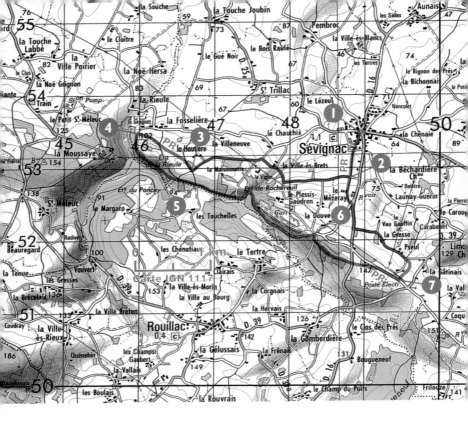

Un pardon à la grotte de Rochereuil

À partir de l'aire de pique-nique, on peut accéder au point culminant de Sévignac. Sur ce sommet (122 m), le propriétaire du domaine de Rochereuil fit construire en 1914 une réplique de la grotte de Lourdes en remerciement de la guérison de son fils.

Cette grotte récente, fréquentée par des fidèles, donne lieu, le 15 août, au pardon de Notre-Dame-de-Rochereuil. Si ce pardon n'atteint pas les fastes de certaines manifestations plus connues, il témoigne d'une foi populaire dans cette région dominée par l'abbaye de Boquen où l'on trouve au moins deux chênes creusés

d'une niche abritant une statue de la Vierge (la Ville Hervy en Plénée-Jugon, Notre-Dame-des-Chênes à Dolo).

Site de la grotte de Notre-Dame de Rochereuil.
Photo G. R.

Les étangs de Sévignac

L'étang de Rochereuil, bordé par la digue avec son vieux moulin et son four à pain, vous invite sur son aire de pique-nique, après avoir escaladé sa colline.

Couleuvre à collier.
Dessin P.R.

3 h
11 Km

Situation : Sévignac, à 24 km au Sud-Est de Lamballe par la N 12 et la D 16

Parking
place de l'Eglise

Balisage
jaune

❶ Au Sud de l'église, prendre la route à droite de la D 16. Passer devant la boulangerie, tourner à gauche puis à droite en direction de la salle des associations et continuer par la petite route vers le Sud, sur 600 m.

❷ Au carrefour, suivre la route à droite vers La Ville-es-Brets, puis continuer par la route vers La Hautière. Laisser La Hautière à droite et gagner une intersection.

Ne pas oublier

❸ Prendre à droite le chemin empierré (*vue sur le château de la Moussaye en Plénée-Jugon*) puis sur la gauche un ancien chemin qui descend en pente douce vers Le Grognet.

❹ Emprunter à gauche le chemin en sous-bois sur 800 m (*il domine les étangs de la Rieule et du Poncey*) et gagner une croisée de chemins.

À voir

❺ Ne pas suivre le sentier de droite qui conduit à Rouillac, mais continuer tout droit jusqu'à l'étang de Rochereuil. Le contourner par la gauche et prendre le chemin qui passe au-dessus des carrières, sur 1 km, jusqu'à un carrefour de sentiers et de routes.

En chemin

■ étangs de la Rieule, du Poncey, de Rochereuil
■ grotte de Rochereuil
■ Sévignac : calvaire 15e (cimetière).

❻ Emprunter la route la plus à droite vers Rouillac sur 100 m, puis prendre le chemin à gauche et continuer à gauche. Couper la D 16, poursuivre en face, puis utiliser la route à droite sur 200 m.

❼ Avant la ferme, prendre le chemin à gauche sur 300 m. Au carrefour, emprunter la route à gauche et traverser les villages de Pseul et de La Gresse. Suivre à droite la D 16 sur 300 m puis, au premier carrefour, bifurquer à gauche sur le chemin de la Petite-Lande qui domine Sévignac et ramène au premier croisement.

Dans la région

■ Sévignac : château de Limoëlan ■ Plédéliac : château de la Hunaudaye, ferme d'Antan, écomusée à Saint-Esprit-des-Bois
■ Jugon : maison de la Pêche, hôtels particuliers Sevoy, de la Tête Noire, étang.

❷ Poursuivre tout droit et retrouver Sévignac.

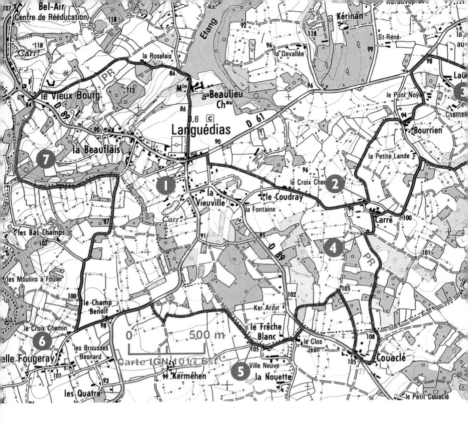

L'étang de Beaulieu

L e site de Beaulieu comporte un plan d'eau dont la digue fut construite par le moine Guy Le Lionnays. Sur les bords de l'étang, se trouvent un vieux moulin, actuellement en rénovation, et une ancienne abbaye, Notre-Dame-du-Pont-Pilard, datant du 12e siècle, nommée ensuite abbaye de Beaulieu, aujourd'hui propriété privée. Les deux fondateurs sont d'abord enterrés dans l'église abbatiale, puis leurs pierres tombales sculptées de gisants sont conservées, pour Roland, au musée de Dinan et, pour Alain de Vitré, dans le cloître de la cathédrale de Tréguier. La légende évoque un souterrain creusé par les moines de l'abbaye sous l'étang et qui relierait celle-ci au manoir de la Burie.

Etang de Beaulieu et toit de l'abbaye en arrière-plan. *Photo M.-L. J.*

Circuit
de Beaulieu-Languédias

Partez à la rencontre de l'étang de Beaulieu. Son moulin et son château, fondé vers 1170, sont des sites classés.

Situation Languédias, à 16 km au Sud-Ouest de Dinan par les N 176 et D 61

 Parking place de l'Eglise

 Balisage jaune

Hêtre. *Dessin N.L.*

❶ Sortir du bourg par la D 61, prendre la route à droite sur 50 m, puis le chemin à gauche vers Le Coudray. Poursuivre par la route à gauche en direction de Carré.

❷ Avant le village, tourner à gauche dans un chemin menant à Bourrien. Traverser une route et se diriger vers Le Pont-Noyer. Prendre la route à gauche, puis la D 61 à droite sur 200 m. Partir à droite et continuer tout droit par le chemin sur 500 m.

Ne pas oublier

❸ Au croisement, tourner à droite, passer à Chanteloup, puis virer deux fois à gauche avant de prendre le chemin de droite. Avant La Petite-Lande, emprunter la route à gauche pour arriver à Carré.

❹ Tourner à gauche en direction de Couaclé. Aux habitations sur la D 89, se diriger à droite sur 500 m, puis suivre le chemin à gauche pour revenir à la D 89. L'emprunter à gauche sur quelques mètres puis aller à droite en direction du Frêche-Blanc.

 À voir

❺ A la croix, tourner à droite, puis bifurquer à gauche avant de partir une nouvelle fois à droite. Prendre la D 61 à gauche vers Le Champ-Benoît, puis continuer tout droit par la petite route.

 En chemin

■ Languédias : église
■ Le Vieux-Bourg : fontaine Saint-Armel ■ abbaye, moulin et étang de Beaulieu.

❻ Se diriger à droite sur 500 m, puis bifurquer à droite et déboucher dans la vallée de la Beauflais. La longer à gauche.

 Dans la région

❼ Prendre la route à droite et gagner Le Vieux-Bourg. Couper la D 89, continuer en face, puis bifurquer à droite sur le chemin. Passer à La Roselais par le chemin communal (balisage équestre), puis atteindre l'étang de Beaulieu. Traverser la digue et poursuivre tout droit pour revenir à Languédias.

■ Dinan : remparts, château, musée, demeures 15e-19e, couvents, basilique, église.

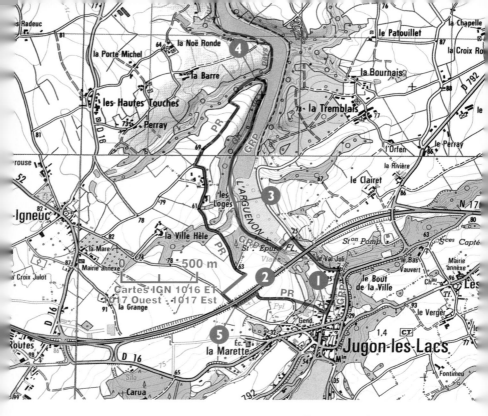

Jugon-les-Lacs

S érénité et tranquillité caractéri-sent ce petit bourg, dont on est loin de penser qu'il ait pu avoir un rôle stratégique dans le duché. Et pourtant sa forteresse, défendue par deux étangs artificiels créés en 1200, avait cette réputation : « Qui a Bretagne sans Jugon a chape sans chaperon ». Aussi, Du Guesclin, connétable de France, s'en empara-t-il en 1373, tout comme le Duc Jean V, en 1420, qui la démantela ou encore le Duc de Mercoeur qui la for-tifia en 1591, avant que Richelieu ne la fasse raser en 1616. La date de naissance du bourg est connue par les termes d'un acte, qui atteste la ces-sion, par Olivier de Dinan, à l'abbaye de Marmoutier, en 1108, d'une terre, sise à la porte de son château pour y construire une église et un bourg.

Ruelle à Jugon. *Photo A. D.*

Circuit du Moulin Jan

1 h 40
5 Km

Découvrez les rives de l'Arguenon, une des rivières qui a donné à Jugon son importance stratégique dans l'Histoire de la Bretagne.

Situation Jugon-les-Lacs, à 22 km à l'Ouest de Dinan par la N 176

 Parking église

❶ Prendre la route située à droite de l'église. Franchir la Rosette et le bief du moulin du Prieur. Au carrefour du Bout-de-la-Ville, tourner à gauche et passer sous le viaduc.

Balisage
❶ à ❹ jaune-rouge
❹ à ❶ jaune

❷ Partir à gauche, franchir l'Arguenon, tourner à droite et poursuivre par le sentier. En aval, passer près de la fontaine Saint-Jean (*autrefois, on s'y lavait les yeux*).

Peuplier.
Dessin N.L.

❸ Continuer par le sentier qui traverse une petite plantation de peupliers avant d'entrer dans le bois (*à droite, début de la retenue d'eau de l'Arguenon*). Poursuivre par le sen-tier parallèle à la retenue, puis franchir une petite passerelle sur le ruisseau de Bastia.

❹ Au lieu-dit Moulin-Jan, tourner à gauche en remontant près d'un petit étang. A la sortie du bois, trouver un chemin au milieu des champs et le suivre. Prendre la route à gauche, traverser Les Loges-d'en-Haut puis Les Loges-d'en-Bas, continuer par la route et passer sous le pont de la N 176.

❺ Prendre le sentier entre le cimetière et le remblai de la N 176, puis traverser un terrain vague et descendre vers le foyer-logement. Franchir le pont sur l'Arguenon et revenir au point de départ.

À voir

En chemin
■ fontaine Saint-Jean
■ retenue d'eau de l'Arguenon ■ Jugon : hôtels Sevoy et de la Tête Noire, église Notre-Dame et calvaire, maison de la Pêche.

Dans la région
■ Lamballe : église Saint-Jean, musée Mathurin Méheut, collégiale Notre-Dame ■ Léhon : abbaye Saint-Magloire.

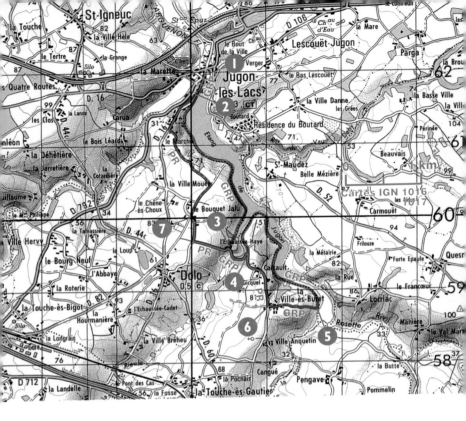

L'étang de Jugon

C e bel étang de 60 hectares, d'une profondeur moyenne de 2,50 m offre de nombreuses activités tout au long de l'année. Au centre nautique, vous pourrez louer, planche à voile, dériver, catamaran et profiter de journées d'initiation ou encore participer en juillet le soir de pleine lune à une randonnée nature en canoë. Cet étang est aussi un lieu de pêche où abondent gardons, brèmes, tanches, carpes et sandres. La maison de la pêche pro-

pose des sorties pêche et fait découvrir la grotte à Basile ou encore le bois de la Guernette (grenouille). À la Pentecôte, un week-end nature est organisé tous les ans ; il rassemble pêcheurs, canoétistes et randonneurs. En octobre, on peut venir observer les nombreux oiseaux migrateurs.

Grand cormoran.
Dessin P.R.

De Jugon à La Ville-es-Buret Fiche pratique **29**

Une marche reposante le long des rives tranquilles de l'étang de Jugon.

① Quitter Jugon par la D 16 en direction du lac.

② Suivre le bord du lac sur sa rive gauche jusqu'à L'Echaussée-Haye.

③ Prendre la route à gauche jusqu'à un virage en épingle à cheveux.

④ Emprunter le chemin à gauche sur quelques mètres, puis s'engager sur le sentier à gauche pour arriver au creux d'un vallon. A la bifurcation des sentiers, aller à gauche et traverser un bois pour arriver au bord du lac. Longer la rive, ne pas prendre le chemin de droite qui remonte vers La Ville-es-Buret, mais continuer tout droit.

⑤ Le sentier tourne à droite, traverse un verger puis tourne à gauche. Monter par le chemin à droite, puis continuer tout droit pour gagner La Ville-es-Buret.

⑥ Prendre la route à droite, passer Carrault et poursuivre par la route. Retrouver le virage en épingle à cheveux.

④ Continuer par la route jusqu'à L'Echaussée-Haye.

③ Poursuivre par la route puis, au carrefour, emprunter la route à droite.

⑦ Au Bouquet-Jalu, bifurquer sur le chemin à droite et continuer jusqu'au deuxième croisement de chemins empierrés. Tourner à gauche pour rejoindre Le Marchix. Emprunter la D 16 à droite. Elle ramène au bord de l'étang.

② Continuer par la D 16 jusqu'au point de départ.

Signalétique à Jugon. *Photo A. D.*

3 h • 11,5 Km

Situation Jugon-les-Lacs, à 22 km à l'Ouest de Dinan par la N 176

 Parking place du Centre

Balisage
① à ⑥ jaune-rouge
⑥ à ④ jaune
③ à ② jaune

⚠ **Difficulté particulière**

■ circuit interdit en période de chasse (d'octobre à février) entre ④ à ⑥

Ne pas oublier

À voir

En chemin

■ bords de l'étang de Jugon
■ Le Bouquet-Jalu : fontaine des Romains ■ Le Marchix : ensemble de maisons paysannes 17e ■ Jugon : maison de la Pêche, hôtels Sevoy et de la Tête Noire, église Notre-Dame et calvaire.

Dans la région

■ Lamballe : église Saint-Jean, musée Mathurin Méheut, haras, collégiale Notre-Dame
■ Corseul : temple de Mars, musée archéologique, cité gallo-romaine

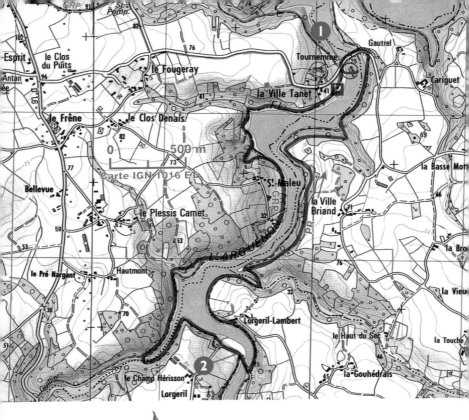

Le long de l'Arguenon

Une flore très riche agrémente ce circuit accidenté le long de falaises escarpées. À l'ombre de châtaigners, de chênes... le sous-bois se couvre, suivant l'humidité du sol, au printemps d'anémones sylvie blanches associées à des ficaires jaunes, de primevères, violettes, jacinthes des bois... et plus tard, si la luminosité est suffisante, de digitales pourpres voisinant avec la fougère aigle, la scolopendre, le polypode... ou le fragon.

Les barrages transforment l'Arguenon en une suite de plans d'eau qui attirent des grands cormorans, des hérons cendrés, des mouettes rieuses et différents canards.

Arum maculé.
Dessin N.L.

De Tournemine à Lorgeril

3 h
10 Km

Ce parcours accidenté et sportif, demandant une certaine prudence sur les passages rocheux, permet de découvrir les paysages des rives du lac.

Situation Plédéliac, à 10 km à l'Est de Lamballe par les D 28, D 52A et D 52

Parking pont de Tournemine, à 3 km à l'Est du bourg par les D 55, D 16 et, au *Clos-du-Puits*, la route de Tournemine

 Balisage

❶ à ❷ jaune-rouge
❷ à ❶ jaune

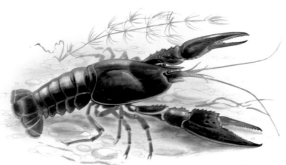

Ecrevisse. *Dessin P.R.*

 Difficulté particulière

■ parcours accidenté ; passage rocheux difficiles exigeant de la prudence.

❶ Au fond du parking, traverser la prairie vers le Sud pour atteindre la zone boisée, puis tourner à droite sur le sentier qui longe la rive gauche du lac. Une suite de promontoires rocheux et de profondes embouchures de ruisseaux permet d'atteindre une zone plate avant le pont de Lorgeril.

Ne pas oublier

❷ Traverser le pont, puis tourner à gauche pour longer l'autre rive qui présente des passages escarpés mais bien aménagés. Poursuivre en sous-bois jusqu'à la passerelle qui donne accès à la route. L'emprunter à gauche pour rejoindre le point de départ.

À voir

Rives de l'Arguenon. *Photo M.-L. J.*

 En chemin

■ plan d'eau ■ flore de sous-bois ■ promontoires rocheux ■ oiseaux.

 Dans la région

■ Jugon : Hôtels Sevoy et de la Tête Noire, église Notre-Dame et calvaire, maison de la Pêche ■ Quévert : courtil des senteurs ■ Plédéliac : ferme d'Antan, écomusée à Saint-Esprit-des-Bois.

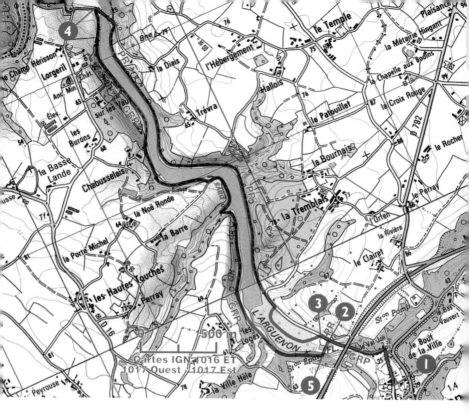

Entre l'Arguenon et la Rosette

Jugon, situé sur deux cours d'eau, est mentionné pour la première fois lors de la construction d'un château, à la fin du 10e siècle par Eudon 1er, comte de Penthièvre. Une bourgade existe alors à cet endroit. Point de passage obligé, la ville joue un rôle primordial dans la guerre de Succession de Bretagne. L'église Saint-Ignace (en Saint-Igneuc) du 19e siècle a conservé un portail sud, en granit, du 12e siècle et un reste d'enclos, comme en témoigne une pierre glissée entre deux murets. On peut voir de vieilles demeures : l'hôtel de la Tête Noire du 15e siècle, l'hôtel de l'Écu avec sa cheminée du 17e siècle, l'hôtel de Sevoy du 17e siècle ou encore la tour en granit de l'église Notre-Dame du 14e siècle.

Hôtel Sevoy à Jugon.
Photo G. R.

L'Arguenon, de Jugon à Lorgeril

2h30 • 9 Km

Situation Jugon-les-Lacs, à 22 km à l'Ouest de Dinan par la N 176

 Parking place de l'Eglise

 Balisage
- **1** à **2** jaune-rouge
- **2** à **4** jaune
- **4** à **1** jaune-rouge

⚠️ **Difficultés particulières**
- ■ terrain accidenté entre **3** et **4**
- ■ passages glissants et boueux entre **4** et **5** en période de pluie.

Au printemps et à l'automne, une végétation chatoyante de camaïeux de verts et de jaunes font penser à certains paysages canadiens.

1 A partir de l'église, descendre au Nord par la vallée. Passer sous le viaduc et atteindre une intersection.

2 Laisser le chemin du retour à gauche et poursuivre par la route sur 100 m.

Fragon (petit houx). *Dessin N.L.*

3 Prendre à gauche le chemin qui traverse la peupleraie, emprunter la route à gauche, puis s'engager à gauche sur le large chemin qui se prolonge par un sentier. Parcourir le terrain accidenté le long de la retenue de l'Arguenon jusqu'au pont de Lorgeril et le franchir.

4 Suivre à gauche le sentier qui longe la rive gauche de la retenue.

Sur les deux derniers kilomètres, le terrain plat peut être glissant et boueux en période de forte pluviosité.

5 Traverser l'Arguenon par la passerelle, puis rejoindre la route.

2 La prendre à droite pour retrouver l'église.

Le long de l'Arguenon. *Photo G. R.*

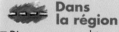 **À voir**

🌰 **En chemin**
- ■ grande variété de feuillus
- ■ retenue de l'Arguenon
- ■ Jugon : hôtels Sevoy et de la Tête Noire, église Notre-Dame et calvaire, maison de la Pêche.

Dans la région
- ■ Dinan : remparts, château, musée, demeures 15e-19e, couvents, basilique, église
- ■ Plédéliac : château de la Hunaudaye, écomusée de Saint-Esprit-des-Bois.

Château et forêt de la Hunaudaye

3 h 45
15 Km

Cette randonnée vous conduira au château de la Hunaudaye, monument historique construit en 1220. Détruit pendant la guerre de succession de Bretagne, il fut reconstruit à la fin du 14e siècle.

Situation : Pléven, à 26 km à l'Ouest de Dinan par les D 794, D 768 et D 28

Parking
place de l'Eglise

❶ Quitter Pléven par la route de Landébia sur 300 m.

❷ Prendre le sentier à gauche. Traverser une plantation de merisiers, un taillis, puis des prés (*bien suivre le balisage*). Passer derrière le manoir du Vaumadeuc, s'engager dans un nouveau taillis, puis longer un talus qui vire à un angle droit et monter à droite par la D 16.

Balisage
❶ à ❻ jaune
❻ à ❼ jaune-rouge
❼ à ❶ jaune

❸ Dans le virage, s'engager à gauche sur un large chemin dégagé et herbeux qui pénètre dans la forêt. Déboucher face à la parcelle 72. Tourner à droite, suivre le chemin, passer entre les parcelles 78 et 93 et cheminer dans une allée herbeuse bordée de sapins.

❹ Tourner à gauche entre les parcelles 79 et 80. Couper une allée forestière menant à la maison forestière de Bonne-Fontaine, puis passer entre les parcelles 57 et 58.

❺ Virer à gauche et poursuivre à travers la forêt sur 1 km. Couper la D 28, s'engager en face dans le chemin qui part en oblique et continuer tout droit. Traverser la D 16, emprunter la route en face, puis bifurquer à droite pour gagner le château de la Hunaudaye. Prendre la route à gauche vers Saint-Jean.

À voir

❻ A l'intersection, continuer tout droit par la route et arriver à Saint-Jean. Tourner à gauche entre les maisons, passer entre un four et un petit bâtiment et poursuivre par le chemin qui descend vers un ruisseau. Le longer, le franchir sur une passerelle, puis le longer à nouveau sur l'autre rive jusqu'au lac de l'Arguenon. Le sentier conduit au pont de la D 68.

En chemin
■ manoir de Vaumadeuc 15e
■ forêt de la Hunaudaye
■ château de la Hunaudaye
■ Saint-Jean : four à pain
■ barrage de la Ville-Hatte.

❼ Ne pas franchir le pont, mais continuer le long de la rive gauche. Remonter par la D 28 sur 300 m. Descendre un taillis, longer un ruisseau, puis emprunter la route à droite. Dans un virage prononcé, entrer à gauche dans un chemin prolongé par un pré. Traverser le ruisseau, dépasser la station d'épuration, puis prendre la D 68 à gauche.

Dans la région
■ Jugon : hôtels Sevoy et de la Tête Noire, église Notre-Dame et calvaire, maison de la Pêche ■ Plancoët : maison de la rue de l'Abbaye et de la place de la Liberté, église Notre-Dame-de-Nazareth.

❷ Continuer par la route pour retrouver Pléven.

Les ingrédients

Produits de la mer
5 moules,
2 coquilles Saint-Jacques
1 maquereau (fumé ou mariné)

Produits de la terre
Cocos de Paimpol
Laitue, Feuille de chêne
Tomate, 1|2 oignon,
1|2 carotte
1 galette de sarrazin (petite)
1|2 saucisse bretonne
1 rondelle d'andouille
Fromage "Petit Breton"
Pomme de terre (rate ou charlotte)

L es ingrédients de ce plat pourraient tous provenir du pays de Dinan à l'exception du « coco paimpolais » qui, muni d'une A.O.C. est obligatoirement originaire de la région de Paimpol.

La galette est à base de farine de sarrasin (blé noir), céréale qui a la particularité d'être une renouée et non une graminée comme les blés, orge, seigle, avoine…

Le sarrasin fut cultivé sur les sols pauvres de Bretagne jusqu'aux années 1950, la galette étant encore la base de nombreux repas paysans jusqu'au début du 20e siècle. Aujourd'hui, sur les terres amendées, cette culture a disparu ; on tente de la réintroduire, mais dans le pays de Dinan, les parcelles sont rares ; la farine est importée.

La coquille Saint-Jacques (Pecten) est pêchée en baie de Saint-Brieuc. Le port d'Erquy compte de nombreux bateaux équipés pour cette pêche, uniquement autorisée certains jours, pour quelques heures, pendant l'hiver, afin de protéger l'espèce.

Les moules se fixent sur les rochers mais, pour des raisons d'hygiène, la commercialisation et la consommation sont réservées aux moules de bouchots : on peut voir émerger à marée basse. Dans ces parcs de solides pieux garnis de cordage où le naissain s'est fixé. Les mytiliculteurs y travaillent alors, surtout lors des grandes marées, à l'entretien des bouchots, à leur garniture en naissain, à l'élimination des prédateurs et parasites divers et à la récolte des moules adultes… Ils regagnent la terre ferme à marée montante. Les mollusques devront ensuite séjourner quelques jours dans des bassins pour y laisser le sable et diverses impuretés.

Une bonne recette bretonne ne peut se concevoir sans une dose de beurre salé et accompagnée d'une bolée de cidre…breton évidemment. Bon appétit !

Photo CDT 22

Port d'Erquy. *Photo A.D.*

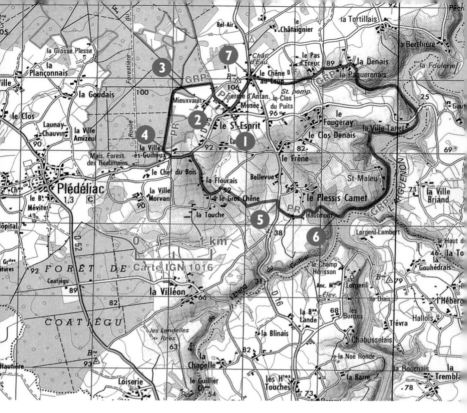

La Ferme d'Antan
à Saint-Esprit-des-Bois

C et ensemble présente l'habitat rural traditionnel de la région de Dinan avant la seconde guerre mondiale.

Dans la pièce principale, l'horloge, le lit clos et les armoires sont alignés.

« L'hôté » cumulait donc les fonctions de cuisine, salle, chambre. L'étable et l'écurie encadrant l'habitation, complétées par les soues et le poulailler dans la cour, montrent la modestie des possibilités d'élevage.

Dans les dépendances, le pressoir à pommes, la herse, le moulin à sarrasin, le char à bancs, la charrue, la batteuse laissent imaginer la rapidité et l'ampleur de l'évolution de la vie, depuis 1950, dans les exploitations agricoles.

«L'hôté», la pièce commune.
Photo M.-L. J.

Les hauteurs de l'Arguenon

Moulin à sarrasin.
Photo M.-L. J.

Cet itinéraire vous fera découvrir le manoir-ferme de Bélouze bâti au 16e siècle par la famille des Nos.

❶ Se diriger vers Chaffaud-Mieuvault par la route.

❷ A la croix, continuer tout droit et, à l'orée de la forêt, s'engager sur la gauche et atteindre une intersection.

❸ Entrer en forêt en passant la barrière, obliquer sur la gauche (parcelle 17) et suivre l'allée.

❹ Sortir de la forêt en passant la barrière. Prendre le sentier à gauche. Marcher 150 m à gauche le long de la D 55. Tourner à droite, passer la Flourais. Emprunter la première route à gauche. Après le passage du ruisseau, s'engager à droite sur un sentier le long du bois. Suivre ensuite le chemin de servitude jusqu'à la D 16.

❺ A droite par la route puis à gauche se diriger vers Haumont. A la sortie du village, prendre le chemin de servitude à droite. Par le sentier, descendre vers le ruisseau à travers le bois. Après la passerelle, à droite, l'allée conduit au lac.

❻ Par le sentier à gauche, longer la retenue sur 2,5 km. Traverser l'aire de loisirs, couper la route et poursuivre par le chemin. Franchir un ruisseau et monter vers la Denais. Dans le hameau, laisser la route à droite et, à gauche, monter au manoir de Bélouze. Avant la station de pompage, bifurquer à droite, un chemin creux mène au Chêne au Loup.

❼ Emprunter la D 55 à gauche pour rejoindre Saint-Esprit-des-Bois.

Situation : Saint-Esprit-des-Bois, à 12 km à l'Est de Lamballe par les D 28, D 52A, D 52 et D 55

Parking
ferme d'Antan

  Balisage

❶ à ❷ jaune
❷ à ❸ jaune-rouge
❸ à ❻ jaune
❻ à ❼ jaune-rouge
❼ à ❶ jaune

 À voir

 **En chemin**

■ forêt ■ rives de l'Arguenon ■ manoir de Bélouze (ferme-auberge) ■ Saint-Esprit-des-Bois : ferme d'Antan (musée).

Dans la région

■ Lamballe : église Saint-Jean, musée Mathurin Méheut, haras ■ Yvignac : église romane.

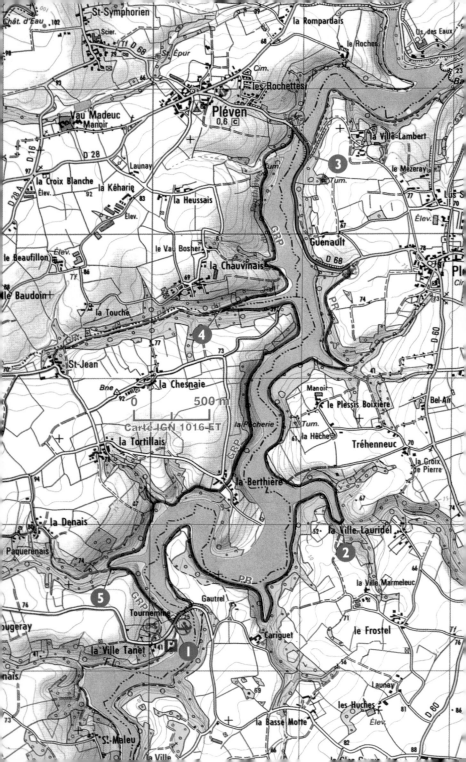

De Tournemine au pont de Pléven

4 h 30
17 Km

Ce circuit qui serpente entre forêts et vallons longe la retenue d'eau de l'Arguenon.

Situation Plédéliac, à 10 km à l'Est de Lamballe par les D 28, D 52A et D 52

 Parking pont de Tournemine, à 3 km à l'Est du bourg par les D 55, D 16 et, au *Clos-du-Puits*, la route de Tournemine

❶ Du parking, se diriger vers le pont de Tournemine et le traverser. Emprunter à gauche le sentier qui débute par un escalier. Poursuivre parmi les roseaux, puis en sous-bois vers l'embouchure d'un ruisseau.

Sitelle torchepot.
Dessin P.R.

Balisage
❶ à ❸ jaune
❸ à ❶ jaune-rouge

❷ Passer au pied d'un escalier en béton et poursuivre par le sentier (*sur la droite, motte féodale du Plessis-Boixière*). Continuer en bordure du lac et déboucher sur la D 68. La prendre à gauche jusqu'au pont de Pléven.

❸ Traverser le pont, puis longer la rive gauche en se dirigeant vers le Sud (*à 500 m du pont, se trouve une deuxième motte féodale*). Poursuivre sur 50 m par un champ en friches, puis par un chemin et continuer en bordure de lac.

❹ Contourner l'embouchure du ruisseau de Saint-Jean. Après La Pêcherie, atteindre le hameau de La Berthière. Traverser la route et prendre le chemin en face. Ne pas aller en direction de La Tortillais à droite, mais utiliser l'escalier à gauche pour continuer par le sentier.

❺ Poursuivre en bordure du lac jusqu'à Tournemine.

À voir

En chemin

■ mouettes, grands cormorans, hérons cendrés…
■ mottes féodales (ouvrages défensifs 11e-12e)

Dans la région

■ Jugon : hôtels Sevoy et de la Tête Noire, église Notre-Dame et calvaire, maison de la Pêche ■ Corseul : musée archéologique, temple de Mars ■ Saint-Jacut-de-la-Mer : pointe du Chevet, bourg, plages

Le pays de Dinan immergé...

Dans la région de Saint-Juvat, Tréfumel, Le Quiou, on peut voir des constructions en pierre blanche contenant des fossiles : des faluns, une roche composée de sable siliceux, plus ou moins grossier, mélangé à des fragments d'oursins, de coquilles brisées, de coraux...

Fossile de pecten. *Photo V. N.*

A l'époque où les faluns se sont constitués, l'Ouest du massif armoricain formait une île, séparée du reste de la France par un important bras de mer. Celui-ci partant de l'Atlantique, remontait vers le Nord, peut-être jusqu'à la Manche aux contours bien différents de ses limites actuelles.

Cette mer était peu profonde et la vie devait y être intense, si l'on en juge par l'abondance des fossiles trouvés dans ses sédiments. Sous un climat méditerranéen, existaient une faune et une flore terrestres. Quelques restes de ces êtres vivants sont parvenus jusqu'au rivage et ont été conservés parmi les dépôts marins formant d'importantes couches.

Les restes animaux ou végétaux éparpillés, cassés ou usés ont cependant permis aux experts d'identifier de nombreuses espèces et ainsi de fixer l'âge des faluns à 15-16 millions d'années (ère tertiaire : miocène moyen).

Des carrières d'extraction ont existé, car autrefois les faluns étaient utilisés comme amendement calcaire pour les sols siliceux acides et plus récemment pour fabriquer de la chaux. Il en subsiste quelques-unes.

Leur localisation a permis de tracer les contours de la « Mer des Faluns ».

Pour atteindre les faluns, il faut creuser dans les sables rouges qui les recouvrent. Ces sables se sont déposés à la fin de l'ère tertiaire (au pliocène), il y a cinq millions d'années. La couleur rouge du sable est due à un climat chaud qui accélère l'oxydation des minéraux ferreux.

D'après *Le Râle d'eau*, revue de Vivarmor Nature, numéro spécial *La Mer des faluns*.

Fossiles d'oursin.
Photo V. N.

Dinan :vieilles maisons. *Photo M.-L. J.*

Origine de Plorec

P lorec tire son nom de l'ancien breton *Plou* (paroisse) et du moyen breton *Goarec* (arc ou courbe), ici celle décrite par l'Arguenon. Situé à la limite du Penthièvre, l'Arguenon marquait la frontière avec le Poudouvre. La voie romaine qui allait de Corseul à Lamballe traversait là le cours d'eau. Pourtant, l'origine de Plorec est antérieure à cette époque. Deux tertres (du Plessis et de la Tour Basse) témoignent d'une occupation ancienne du site. Ces mottes féodales indiquent l'emplacement d'une fortification en bois au Moyen Âge.

Plusieurs manoirs existent sur la commune dont celui du Carriguet (15e siècle) ancienne propriété de Du Guesclin.

L'Arguenon vu du sentier.
Photo G. R.

Le tour de Plorec

3h.15
12,5 Km

Grâce à la retenue de l'Arguenon, partez pour une promenade entre lacs et vallons.

Situation Pléven, à 26 km à l'Ouest de Dinan par les D 794, D 768 et D 28

Parking pont de Pléven

Balisage
❶ à ❹ jaune-rouge
❹ à ❷ jaune

❶ Traverser le pont en direction de Plorec.

❷ A l'extrémité, prendre sur la gauche le sentier qui longe la retenue en direction du barrage. Avant le barrage, le sentier remonte et rejoint une route. La suivre à gauche et passer au pied du belvédère qui domine le barrage.

Osmonde royale.
Dessin N.L.

Ne pas oublier

❸ Continuer tout droit par un chemin empierré, puis par une route et atteindre Malabry. Poursuivre vers la vallée, traverser la D 68 et emprunter le chemin du Bois-Bily. Laisser sur la droite les voies d'accès au bois, au hameau et au château, puis continuer sur le chemin communal qui contourne le château et le parc *(privés)*.

❹ Poursuivre tout droit par la petite route, puis par un chemin empierré et déboucher sur la D 89. La prendre à droite sur 30 m, puis emprunter à gauche le chemin ombragé qui se termine par une route et mène à la croix de Pierre. Traverser la D 60 et continuer en face. A Tréhenneuc, aller tout droit vers le lac.

❺ Descendre l'escalier en béton. En bas, tourner à droite et longer le lac. Poursuivre en bordure du lac (*un sentier sur la droite permet d'accéder à la motte féodale de Plessis-Boixière*), puis déboucher sur la D 68 et la prendre à gauche.

❷ Laisser, sur la droite, les voies d'accès au bois, au hameau et au château, puis continuer sur le chemin communal qui contourne le château et le parc (*privés)* par l'arrière.

À voir

 En chemin

■ lac ■ barrage de la Ville-Hatte (point de vue)
■ mottes féodales de Plessis-Boixière et de la Tour-Basse.

 **Dans la région**

■ Dinan : remparts, château, musée, demeures 15e-19e, couvents, basilique, église
■ Créhen : château et port du Guildo

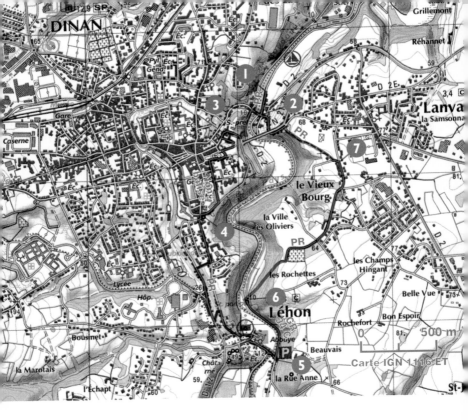

L'abbaye de Léhon

E Au 9e siècle, le roi Nominoë promet d'importantes fondations à des moines établis au bord de la Rance s'ils se procurent les

L'abbaye de Léhon, *Photo M.-L. J.*

reliques d'un saint breton. Les religieux partent sur l'île de Serk pour y voler les reliques de saint Magloire, ancien évêque de Dol. L'église construite, les fidèles affluent et le monastère prospère, mais est détruit par les Normands. Les moines se réfugient à Paris. Au 12e siècle, des moines de Saint-Magloire de Paris reconstruisent le couvent, tandis que s'édifie le château féodal. Au 17e siècle, le château est démantelé, mais l'abbaye s'agrandit. Aujourd'hui, l'abbatiale renferme une série de gisants dont Jéhan III de Beaumanoir, une cuve baptismale, un reliquaire, etc. Le réfectoire s'agrémente d'une belle verrière, le cloître présente ses arcades austères.

Dinan, bord de Rance

Ces deux villages perchés sur un plateau sont séparés par la D 44, ancienne voie romaine dite de l'Etrat.

2 h
6 Km

Situation : Dinan, à 60 km à l'Est de Saint-Brieuc par les N 12 et N 176

❶ Quitter la maison de la Rance pour rejoindre le vieux pont reliant les deux rives de la Rance.

❷ Franchir le vieux pont.

❸ A la sortie, emprunter la rue du Port à gauche jusqu'au pied du viaduc. A droite, gravir les escaliers et, par le sentier, gagner la tour Sainte-Catherine. *(Pour des raisons de sécurité, il est interdit d'emprunter les remparts).* Poursuivre par la rue Michel, puis, à gauche, par la rue du Rempart, accéder au Jardin Anglais *(panorama)*. Par la rue des Chauffepieds, gagner la place Saint-Sauveur *(basilique Saint-Sauveur 12e-19e siècles)*. La rue Waldeck-Rousseau, à gauche, puis la rue du Général-de-Gaulle à droite mènent à la porte Saint-Louis.

Troglodyte mignon.
Dessin P.R.

❹ Quitter la place Saint-Louis par la rue Beaumanoir. À 350 m à droite, par la ruelle des Bouteilles, descendre à la rue Coëtquen. À gauche, longer les remparts, arriver dans le Bourgneuf *(vue sur le château de Léhon)*. Emprunter, à gauche, les escaliers de la ruelle Brûlée, puis une venelle à droite et arriver à la piscine de Léhon. Traverser la place *(abbaye à gauche)*, emprunter les escaliers, puis la rue piétonne à gauche.

❺ Franchir le pont de Léhon et emprunter, à gauche, le chemin de halage jusqu'à l'écluse.

❻ Monter à droite par le sentier en sous-bois. Contourner le cimetière neuf. Par la route, gagner le Vieux-Bourg. Après le vieux cimetière, au carrefour, obliquer à gauche.

❼ À 300 m, s'engager sur le chemin de Mont-en-Va. À 20 m, aller en face sur le chemin, puis, par la rue de l'Abbaye, arriver au pied du Viaduc. Une ruelle pavée conduit au vieux pont.

❷ Emprunter le quai à droite et rejoindre le point de départ.

Parking
maison de la Rance, au port de Dinan côté Lanvallay.

 Balisage
❶ à ❷ jaune
❷ à ❸ blanc-rouge
❸ à ❹ pas de balisage
❹ à ❺ jaune
❺ à ❻ blanc-rouge
❻ à ❷ jaune

À voir

En chemin

■ Maison de la Rance ■ vieux pont ■ remparts ■ jardin anglais et vue sur la vallée de la Rance ■ basilique Saint-Sauveur ■ théâtre des Jacobins ■ berges de la Rance ■ abbaye Saint-Magloire ■ bourg de Léhon.

Dans la région

■ Dinan : remparts, musée, demeures 15e-19e siècles, couvents.
■ Dinard : musée du site balnéaire (villa Eugénie), plages

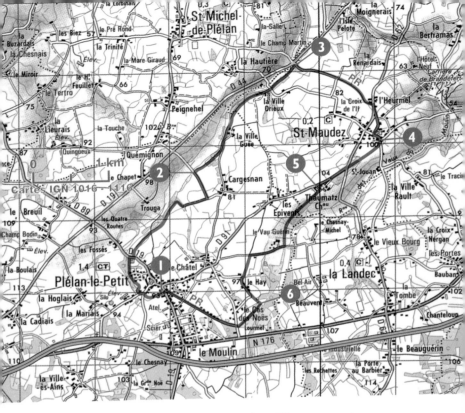

Le château de Thaumatz

Avant la construction du château, le site, un tertre entre deux ruisseaux, a-t-il été occupé par les Romains, les Templiers, à l'heure actuelle aucune certitude...

Au 16e siècle, les Gouyon-Thomatz, branche cadette des Gouyon-Matignon, font bâtir ce château dont la cheminée porte les armes des Gouyon associées à des ancres de marine : les Gouyon-Thomatz étaient des armateurs. Des motifs ornementaux (une vierge au profil asiatique, deux têtes sur le mur du pavillon d'entrée) semblent provenir du Moyen-Orient. Le moulin à pommes, la croix de rogations, la chapelle, témoignent de l'implication des maîtres du château dans la vie des paysans.

Les Trois Croix et l'ossuaire de Plélan-le-Petit.
Photo G. R.

Les vallées de Plélan-le-Petit

Découvrez l'énigme du château de Thaumatz. Ce site servit d'avant-poste aux Romains puis de fief aux chevaliers du Temple.

❶ Contourner le foyer-logement, accéder à un ancien lavoir, franchir une passerelle et longer la vallée des Garennes. Emprunter à droite la D 19 sur quelques mètres, puis le chemin à gauche. Monter à droite, puis prendre à gauche la direction de Cargesnan. Avant le bourg, suivre la route à gauche sur 500 m.

❷ Longer à droite la vallée du ruisseau de Montafilan. Passer la gauche de La Ville-Guée puis de La Ville-Orieux. Traverser la route et continuer dans le vallon sur 400 m, jusqu'à un carrefour.

Epilobe.
Dessin N.L.

❸ Prendre la route à droite. Dans le virage, continuer tout droit, puis emprunter la D 62 à droite et gagner Saint-Maudez. Passer devant l'église.

❹ Emprunter à droite le chemin bordé de châtaigniers, continuer par la route et longer le mur d'enclos du château de Thaumatz (*propriété privée*).

❺ Prendre à gauche une allée bordée de sapins pour arriver à Légoman. Suivre la route à droite et, au croisement, tourner à gauche, puis traverser Le Hay.

❻ Tourner à droite, couper la route et continuer en face, légèrement en oblique, par la route qui ramène à Plélan-le-Petit.

---

3 h
12 Km

Situation Plélan-le-Petit, à 15 km à l'Ouest de Dinan par la N 176

 Parking
place de la Mairie

Balisage
jaune

Ne pas oublier

À voir

En chemin

■ Saint-Maudez : église, calvaire des Templiers (cimetière) ■ château de Thaumatz 16e-17e ■ fontaine de Gouyon.

 **Dans la région**

■ Plancoët : musée de la Source Sassay, maison de la rue de l'Abbaye et de la place de la Liberté, église Notre-Dame-de-Nazareth ■ Léhon : abbaye Saint-Magloire ■ Dinan : remparts, château, musée, demeures 15e-19e, couvents, basilique, église.

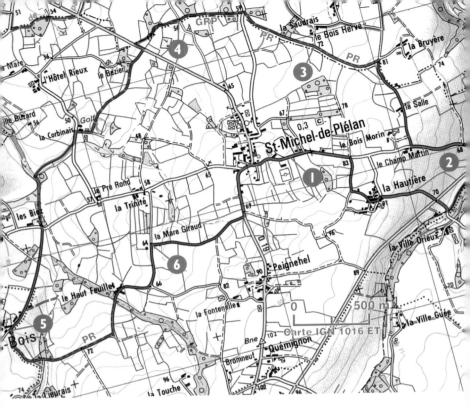

La maison des Vallées

La petite commune de Saint-Michel-de-Plélan (moins de trois cents âmes), doit l'origine de son nom à l'archange Saint-Michel. Ses habitants, les Michelois, virent leur paroisse successivement rattachée à Saint-Maudez, puis à Plélan-le-Petit et à Saint-Méloir, avant de trouver son autonomie en 1844. Le bourg possède quelques vieilles demeures, dont la plus connue, la maison des Vallées, porte gravée sur sa façade, la date de construction (1598), un calice, une hostie et un missel. La tradition orale rapporte que, pendant la Révolution, elle aurait abrité un prêtre réfractaire.

Maison des Vallées.
Photo M.-L. J.

Autour de Saint-Michel-de-Plélan

**3 h
10 Km**

Situation Saint-Michel-de-Plélan, à 18 km à l'Ouest de Dinan par les N 176 et D 19

 Parking alle des fêtes

Balisage
❶ à ❸ jaune
❸ à ❹ jaune-rouge
❹ à ❶ jaune

Ne pas oublier

En longeant le golf de la Corbinais, vous arriverez au jardin d'eau des Biez.

❶ Prendre la route en direction de Saint-Maudez. Emprunter la première route sur la droite, puis la deuxième sur la gauche et passer le village de La Hautière. Aller à gauche dans le village, puis suivre la route de droite et traverser la D 44. Longer la vallée sur la gauche jusqu'au carrefour.

Linotte mélodieuse.
Dessin P.R.

❷ Emprunter la route à gauche en direction de Saint-Michel jusqu'au Champ-Martin, puis la route qui passe à La Salle à droite. Au premier croisement, tourner à gauche.

❸ A l'intersection, poursuivre tout droit, traverser la route de Sainte-Eugénie et continuer avant de déboucher sur une autre petite route.

❹ Poursuivre en face, puis emprunter la D 19 à gauche sur quelques mètres, avant de partir à droite. Passer Le Bézier. A La Corbinais, prendre la route à gauche, puis bifurquer à droite et gagner Les Biez. Tout droit, rejoindre Le Tertro.

❺ Au village, prendre le chemin à gauche. Il franchit un vallon, puis gagne Le Haut-Feuillet. Au carrefour suivant, emprunter la route à gauche.

❻ Longer à droite La Mare-Giraud, puis suivre la D 19 à gauche pour revenir au point de départ.

À voir

 En chemin

■ Saint-Michel : église, maison des Vallées 16e
■ vallons de petits affluents de l'Arguenon
■ La Corbinais : golf
■ Les Biez : jardin d'eau.

Dans la région

■ Corseul : ville gallo-romaine, temple de Mars
■ Saint-Jacut-de-la-Mer : pointe du Chevet, bourg, plages ■ Quévert : courtil des senteurs.

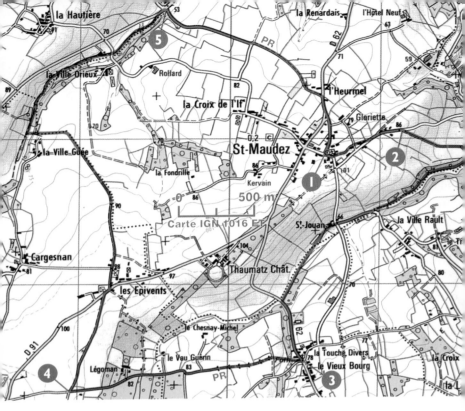

L'If maudézien

If du cimetière de Saint-Maudez. *Photo M.-L. J.*

Le circuit tourne autour du bourg de Saint-Maudez. L'origine du nom de cette commune est liée au nom d'un fils d'Erelus, roi d'Irlande qui débarqua près de Dol au 6e siècle pour évangéliser l'Armorique du roi Childebert. Selon la tradition, Maudez traversa la Manche dans une auge de pierre. Ce thème se retrouve dans beaucoup de légendes liées à l'arrivée des évangélisateurs irlandais. Leurs embarcations étaient, dit-on, réalisées en cuir sur cadre de bois et stabilisées par une auge de pierre. On doit à l'ordre des Templiers un calvaire à neuf personnages agenouillés. À l'origine, le cylindre tournait sur lui-même. L'If millénaire, symbole de la mort et de l'éternité mérite un détour.

L'If maudézien

En passant à Saint-Maudez, écoutez la légende de ce religieux qui traversa la Manche dans une auge de pierre pour venir évangéliser l'Armorique du roi Childebert.

① Longer un mur et continuer par le sentier. Prendre le chemin goudronné à droite puis la route de Guyac à gauche et arriver aux Croix-Orins. Continuer par la route sur 150 m.

② S'engager à droite sur le chemin de terre en direction du Pont-Roblin, puis longer le fond de la vallée à droite. Au pont, continuer à droite par la route jusqu'à Saint-Jouan *(ancien vicus des Templiers)*. Emprunter la route à gauche en direction de Vildé sur 20 m, puis partir à droite en direction de La Landec et suivre le chemin entre la rivière et le pigeonnier de Saint-Jouan. Prendre la D 62 à gauche jusqu'au Vieux-Bourg-de-la-Landec.

③ Partir à droite sur le chemin de terre, puis continuer par la route à droite. Dépasser Le Vau-Guérin puis Légoman et poursuivre sur 300 m.

④ Prendre le chemin empierré à droite et gagner Les Epivents. Traverser la D 91 et continuer par le chemin. Tourner à gauche pour descendre dans le vallon en laissant La Ville-Guée sur la gauche. Partir à droite et longer la rivière. Couper la route au Nord de La Ville-Orieux et atteindre un carrefour.

⑤ Prendre la route à droite. Dans le virage, continuer tout droit, puis emprunter la D 62 à droite pour rejoindre Saint-Maudez.

Statue de saint Maudez.
Photo M.-L. J.

Situation Saint-Maudez, à 14 km à l'Ouest de Dinan par les N 176, D 716 et D 62

 Parking
église

Balisage
jaune

Ne pas oublier

 À voir

En chemin

■ Saint-Maudez : enclos paroissial (église et cimetière), calvaire des Templiers, statue de saint Maudez ■ fontaine de Guyon.

Dans la région

■ Plédéliac : château de la Hunaudaye, manoir de Bélouze (ferme-auberge), ferme d'Antan à Saint-Esprit-des-Bois ■ Jugon : hôtels Sevoy et de la Tête Noire, église Notre-Dame et calvaire, maison de la Pêche, étang.

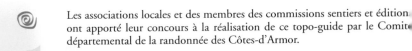

Les associations locales et des membres des commissions sentiers et édition ont apporté leur concours à la réalisation de ce topo-guide par le Comité départemental de la randonnée des Côtes-d'Armor.

La sélection des itinéraires et leur description ont été réalisés par les associations locales et les présidents des commissions sentiers et éditions L'entretien et le balisage des itinéraires sont assurés par les communes concernées et par les associations de Dinan, Taden, Saint-Samson, Quéver et les Randonneurs du Frémur.

Le balisage des itinéraires a été effectué par les communes concernées, les Amis des Sentiers du Pays de Dinan, ACUSPAT, les Sabotées Samsonnaises, Culture et Loisirs Pluduno, ETRA, les Randonneurs du Frémur.

Les textes thématiques de découverte du patrimoine naturel et culturel on été écrits par Jean-Pierre Le Roux, Marie-Louise Jégouic, Jacques Méar Christian Capoën.

La saisie du texte a été assurée par Aurélie Lampin.

Les prises de vue sont l'œuvre des bénévoles du Comité départemental de randonnée : Marie Louise Jégouic (M.-L. J.), Annick Duault (A. D.), Alan Mousquey (A. M.) l'association du Griffon Randonneur (G. R.) et par l'association Vivarmor Nature (V. N.), Yvon Boëlle (Y. B.), Yves Bouchard (Y Bou.) Nicolas Vincent (N. V.) et le Comité départemental du Tourisme (CDT).

Les illustrations sont de Nathalie Locoste (N. L.) et Pascal Robin (P. R.)

Montage du projet, direction des collections et des éditions : Dominique Gengembre. Assistant développement : Patrice Souc. Production éditoriale Isabelle Lethiec. Secrétariat d'édition : Philippe Lambert, Marie Fourmaux Cartographie : Olivier Cariot, Frédéric Luc. Mise en page et suivi de la fabrication : Jérôme Bazin, Elodie Gesnel, Céline Lépine.

Création maquette : Florelle Bouteilley, Isabelle Bardini - Marie Villarem, la Fédération française de la randonnée pédestre. Les pictogrammes et l'illustration du balisage ont été réalisés par Christophe Deconinck, excepté les pictogrammes de jumelles, gourde et lampe de poche qui sont de Nathalie Locoste Design maquette : Sarbacane Design.

L'édition de ce topoguide a été possible grâce à la Fédération française de la randonnée pédestre et la fondation Gaz de France.

www.ffrandonnee.fr

Moulin à vent de Lancieux. *Photo M.-L. J*

BIBLIOGRAPHIE ET CARTOGRAPHIE

• *Le Patrimoine des Communes de France,* éd. Le Flohic
• Guide Bleu *Bretagne,* éd. Hachette
• Le guide *Côtes d'Armor,* éd. Gallimard
• Guide Naturaliste des Côtes de France, *La Bretagne du Mont-Saint-Michel à la Pointe du Raz,* éd. Delachaux et Niestlé
• *Cités d'Art en Bretagne,* éd. Région Bretagne
• *Le Râle d'Eau,* revue de Vivarmor Nature
• Les fiches *Balades en Pays de Dinan,* éd. Conseil Général des Côtes-d'Armor

• Publications du Pays touristique de Dinan
• Publications des offices de tourisme de : Dinan, Saint-Cast-le-Guildo, Matignon, Plancoët, Erquy, Fréhel, Jugon-les-lacs
• Publications du Comité du Tourisme des Côtes d'Armor.

• Cartes IGN série TOP 25 au 1 : 25 000 n° 0916 ET, 1016 ET, 1116 ET ;
• Cartes IGN série bleue au 1 : 25 000 n° 1017 O et E, 1117 O ;
• Cartes IGN série orange au 1 : 50 000 n° 1015 et 1016.

• Pour connaître la liste des Topo-guides®, demander notre catalogue gratuit au Centre d'information *de la Fédération française de la randonnée pédestre* (voir Infos pratiques p.8).

INDEX DES NOMS DE LIEUX

B **C** Bobital 55

Châtelier (écluse du) 47

Créhen 21

D Dinan 87

E Erquy 11

F Fréhel 13

G Guenroc 61

Guildo (Le) 21

Guitté 59

J Jugon-les-Lacs 67, 69, 73

L Lancieux 25, 27

Langrolay 33

Languédias 65

Lyvet (port du) 47

M Matignon 17

P Plancoët 21

Plédéliac 71, 81

Pléhérel 13

Plélan-le-Petit 89

Pleslin-Trigavou 35, 3

Pléven .75, 8

Plorec 8

Pluduno 2

Q **S** Quévert .4

Saint-André-des-Eaux 5

Saint-Carné 5

Saint-Cast-le-Guildo 1

Saint-Esprit-des-Bois 7

Saint-Juvat 5

Saint-Maudez 9

Saint-Michel-de-Plélan 9

Sévignac 0

T Taden 4

Trébéfour 4

Trélivan 4

Trémereuc 4

V Vicomté-sur-Rance (la) . . . .

Vieux-Bourg (le) . . . .

Avertissement : les renseignements fournis dans ce topo-guide sont exacts au moment de l'éditi
Toutefois, certaines transformations du paysage engendrées par l'urbanisation, la création
nouvelles routes ou lignes ferroviaires, l'exploitation forestière ou agricole, etc., peuvent modifier le tra
des itinéraires. Le balisage sur le terrain devient alors l'élément prioritaire du repérage, avant la carte
le descriptif. N'hésitez pas à nous signaler les changements. Les modifications seront intégrées lors d
réédition.

2ème édition : août 2006
©Fédération française de la randonnée pédestre
ISBN 10 : 2-7514-0175-9, ISBN 13 : 978-2-7514-0175-6
© IGN 2006 (fond de cartes)
Dépôt légal : août 2006
Compogravure : MCP, Orléans
Achevé d'imprimer en France sur les presses d'Oberthur, Rennes